区块链+

区块链重建新世界

李亿豪 /著

中国商业出版社

图书在版编目（CIP）数据

区块链+：区块链重建新世界/ 李亿豪 著.--北京：
中国商业出版社, 2018.9
ISBN 978-7-5208-0508-7

Ⅰ.①区… Ⅱ.①李… Ⅲ.①电子商务—支付方式—研究 Ⅳ.①F713.361.3

中国版本图书馆 CIP 数据核字(2018)第 165671 号

责任编辑：孔祥莉

中国商业出版社出版发行
(100053 北京广安门内报国寺 1 号)
010-63180647   www.c-cbook.com
新华书店经销
天津中印联印务有限公司印制

*

720 毫米×1000 毫米 1/16 开 13.5 印张 180 千字
2018 年 9 月第 1 版 2018 年 9 月第 1 次印刷
定价：42.00 元

****

（如有印装质量问题可更换）

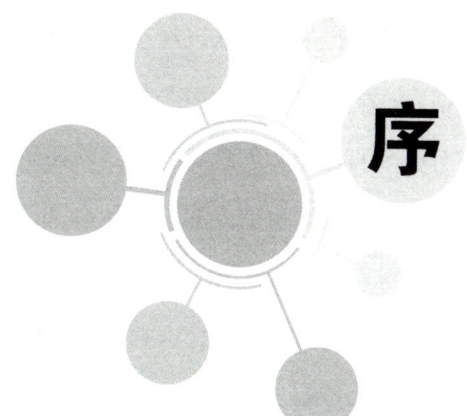

序

我一直相信生命的机缘。就在中国企业区块链产业联盟成立大会的第二天，我在北京见到了李亿豪。听说他对区块链颇有研究，并且要出一本与区块链有关的重磅书籍，加之联盟刚刚成立，求贤若渴，他更加引起了我的关注。

联盟发起人、素有北大区块链总裁班"班花"之称的王宣颖，多次提到这位能说能写文江学海的青年老师，其赞誉之情溢于言表。我想，宣颖已算是人中之凤了，能让其如此欣赏之人，必非等闲之辈！

李亿豪，年轻帅气，谈吐之间更显文雅与睿智，尤其是亿豪手上拿的一本书当即引起我的兴趣。读书，是我最大的嗜好之一。一看见书名叫《互联网+》，我马上就有种想法浮现在脑海：写这本书的人若非高人，必是智者！为何？分析有三：一则互联网已经成为我们生活中的一部分，几乎与人人有关，可见此书受众人群之广泛，必有众多读者；二则"互联网+"已经成为国家战略，而能站在这样的高度来写此书，此人必有渊博的知识和更高的视角，而且很有国家担当和民族情怀；三则《互联网+》这本书让更多的创业者们和企业家们悟出道理、发现商机和开启创业之门，或是找到企业的转型升级之道！如此接地气和实用，此书不畅销才怪呢。仅此三点，已窥一斑，若非智者高人岂能做到？是为见证。

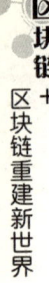

　　当话题围绕互联网展开,就自然聊到了一个当前最为热门的话题——区块链!说到这个blockchain,全球都在关注,很多国家已经在行动(区块链列入国务院"十三五"国家信息化规划),尤其是中国的多个省市都在竞相和相继出台与区块链有关的扶持政策,而更多的企业和创业者们更是纷纷跑步进场,都想抢先搭上这部"时代高速列车",乃至同事朋友和同学聚会都感觉似乎不谈到区块链就已经out了!

　　此等状况俨然一个全新的伟大时代的到来!是什么样的一种力量使然?区块链到底是什么?它有什么样的创新和逻辑?又蕴含着什么样的巨大商机和价值闭环?这个区块链和各行各业是什么关系?如何快速去了解、熟知、应对乃至把握和应用?一个区块链时代真正到来了吗?在谈话过程中,我和亿豪时而沉思,时而相互发问,时而共同探讨,思路慢慢清晰起来。在我试图用一个简单的"八化"(数据区块化、区块链接化、链接共识化、共识价值化、价值流通化、流通全球化、全球数字化、数字数据化)来勾画出区块链的逻辑和闭环时,似乎与亿豪的初衷不谋而合了。

　　本来亿豪想通过一本书,让更多的朋友们迅速读懂区块链,而现在不仅仅是读懂,更是如何去链接和应用,这才是让更多有想法的人、让更多创业者和企业家们、让社会乃至国家受益的必由之路!苟如是,有这样一本书岂不妙哉?岂不更是助推"区块链之风口"吹遍五湖四海和千家万户进而风生水起?何况亿豪真乃青年才俊,年轻却著书颇丰,前面已经出版了《互联网+》为引路之作,而再现下一代互联网逻辑和商机的《区块链+》,岂不是水到渠成和众望所归?这样的"+"系列丛书实乃与时俱进之作也!是为梳理。

　　英雄相见恨晚,文人相谈甚欢。有了对区块链的上述梳理,于是,中国企业报社领导仝福强先生本着爱才惜才荐才之美意,力荐我为亿豪此书添序,令我颇觉惶恐,实乃我觉得这样一本有思想有高度有前瞻性的书,应由更资深的专业人士和德高望重的前辈为之作序更为合适。但因诸多不便，仝先生仍力推我执笔且不容推却。我感佩亿豪写此书的担当和使命，也领会仝先生的想法和加持，只好恭敬不如从命了。如此决定之后，众人欣慰。我却陡然有种使命：作为中国企业区块链产业联盟的发起人，应当担负起助推区块链发展之使命！而亿豪即将出版的这本书，是多好的及时雨，又真正是最好的催化剂也！由此想来，真是"区块链三点钟无眠"啊！是为动力。

找到动力和理由，我就再也等不住了。区块链圈子有一句几乎人人皆知的"名言"：区块链一天，传统行业十年！这是创新发展的效率，也是财富积累的速度！一定要用区块链的速度快速链接！如果说区块链是链接的共识和逻辑的话，那么《区块链+》就一定是加速和加快、加入和加强融合与发展的路径选择！那么，如何适时进场，如何理解和把握好这次风口，进而推动创业创新发展？如何配合国家的供给侧改革，去适应变革和转型升级？如何在"一带一路"倡议的指引下，发生有机的链接和整合联合等等。对于正在思考上述问题和探求正确答案的有志有识之士来说，这本书正当其时，实乃必须读本，甚至可以说是最佳入口了。

而作为一个区块链行业的推动者，还有什么比这更有意义和价值的呢？惟愿此书早日出版而服务于读者，照亮于创业者，推动于投资者、企业者和各界同仁的创新发展！藉此先祝愿区块链链接财富和事业，《区块链+》加上人民的美好幸福和梦想实现吧！

是为序。

中国企业区块链产业联盟

秘书长 贺宗博

前言

  2018年,区块链成为互联网最炙手可热的"香饽饽",任何与区块链搭上边儿的企业几乎都能很快获得市场的高关注度。在政府与监管维度上,全球范围内主要经济体都已经从国家战略层面对区块链技术和应用及其未来发展进行了关注、研究和探索,包括联合国社会发展部,中国国务院、工信部和人民银行、英国政府、美国证券交易所等在内的政府和监管机构都纷纷对区块链发声。在企业维度上,无论是跨国行业巨头,还是创业公司都在争相进军区块链领域,并推起了新一轮创业、创新浪潮。

  作为被认为是继蒸汽机、电力、信息、互联网之后,最具有潜力触发第五次革命浪潮的核心技术,区块链曾经是虚拟货币的分布式账本系统,比特币依赖其"去中心化"等理念支撑了十年的发展。如今,区块链已逐渐成为数字化金融资产的分布式账本系统,股权众筹、众筹保险、智能债券、智能合约、跨境支付等成为它的重要应用领域,互联网金融浪潮又被区块链技术提升到了新的高度,全球金融界为之激情四溢。未来,区块链将成为万物互联网的万物账本,将成为价值互联网的基础、大数据时代的支撑、分享经济的新引擎。

  区块链当下最受人关注的方向之一主要是其在金融科技领域的应用。作为一个新兴技术,区块链的去中心化、防篡改、可追溯等特点天然契合金融领域众多行业的需求。基于区块链技术,全球金融业的基础框架正在被重建,金融创新与产品迭代速度正在大幅加速,金融运行效率正在不断提高,信用传递交换机制也正在被重建。

不仅如此,由于区块链的智能合约,可以应用于契约关系和契约原则的维护和执行;区块链的分布式、时间戳和非对称加密功能,可以应用于信息的查询、验证和保护;且区块链顺应了互联网"分布式""人人对等""开放分享"的发展潮流,创造出了信用机器、共识机制和价值网络等;它必将成为各种去中心化应用的支撑系统,将重塑商业模式和组织形式,将重建新世界,成为互联网经济又一次划时代的创新!

可以说,当前,全球众多思维缜密的人都在积极地试图了解区块链这一革命性的技术及其将如何重建世界的面貌,但是截至目前,区块链到底是什么?为什么突然红遍大江南北?区块链可以用来做什么?区块链有着怎样广阔的应用空间?区块链将如何重建新世界呢?很多人心中都还打着很多问号。

通过本书,我旨在和大家一起,在从浅到深、从历史到未来、从概念到应用、从技术到商业、从经济到社会的理念中,走进区块链,揭开区块链神秘的面纱,发掘其本质,领略其魅力和风采。

希望本书的出版,能让广大想要认知区块链的群众受到启发、颇有受益,能为区块链技术爱好者和创业者提供帮助。

目录

第一篇　解析区块链 /1

第一章　区块链的产生背景和历史渊源 /3

一、从海币到数字货币 /3

二、现代经济的基础是信用 /11

三、区块和链的火花，区块链到底是什么 /19

四、区块链对信用问题的改进和解决 /22

五、中国央行和基于区块链技术的新型货币 /24

六、从互联网到区块链 /28

第二章　解析区块链 /31

一、区块链的模型架构 /31

二、区块链的五大类型 /34

三、区块链中的密码学基础 /38

第三章　揭开区块链技术的面纱 /45

一、区块链运作的四大核心技术 /45

二、区块链价值设计七大原则 /48

三、区块链交易流程 /54

四、区块链的技术挑战 /56

第四章 区块链的基础经济思想 /61

一、区块链的变革——可编程的未来新经济 /61

二、区块链的价值链——从信息网络到价值网络 /63

三、区块链的资源配置——分布式多中心化 /65

四、区块链的运行——法律技术智能化 /68

第二篇 区块链"令牌"：比特币、以太坊、超级账本 /71

第一章 比特币 /73

一、比特币的诞生 /73

二、以比特币为典型代表的虚拟货币本质上不是货币 /77

三、比特币的运行原理和设计 /83

四、比特币的问题 /87

第二章 以太坊 /93

一、什么是以太坊 /93

二、以太坊的核心和生态系统 /96

三、以太坊的运行原理 /98

四、以太坊的模型 /100

第三章 超级账本 /103

一、超级账本简述 /103

二、超级账本主要项目 /106

三、超级账本开发工具 /110

第四章 山寨"令牌" /113

一、令人眼花缭乱的山寨币 /113

二、投资山寨币比投资比特币更冒险 /116

三、山寨币的山寨表现和作弊套路 /118

四、远离山寨币，且行且珍惜 /121

第三篇 区块链架构、产业生态和应用拓展 /125

第一章 区块链的融合改变未来 /127

一、区块链与大数据的融合 /127

二、区块链与物联网的融合 /131

三、区块链与人工智能的融合 /136

四、区块链助力互联网＋腾飞 /140

第二章 基于区块链的拓展 /145

一、区块链＋互联网金融 /145

二、区块链＋电子商务 /149

三、区块链＋物流 /153

四、区块链＋教育 /157

五、区块链＋医疗 /161

六、区块链＋能源 /165

七、区块链＋食品安全 /169

八、区块链＋公益 /171

九、区块链＋文化 /173

十、区块链＋艺术品市场 /176

十一、区块链＋农业 /178

十二、区块链＋政府管理 /181

第三章 区块链必将构建新世界 /187

一、新兴的计算架构 /187

二、新型的治理机制 /190

三、新型的组织形式 /192

四、新兴的商业模式 /194

五、进入区块链领域，你需要做什么准备 /196

第一篇
解析区块链

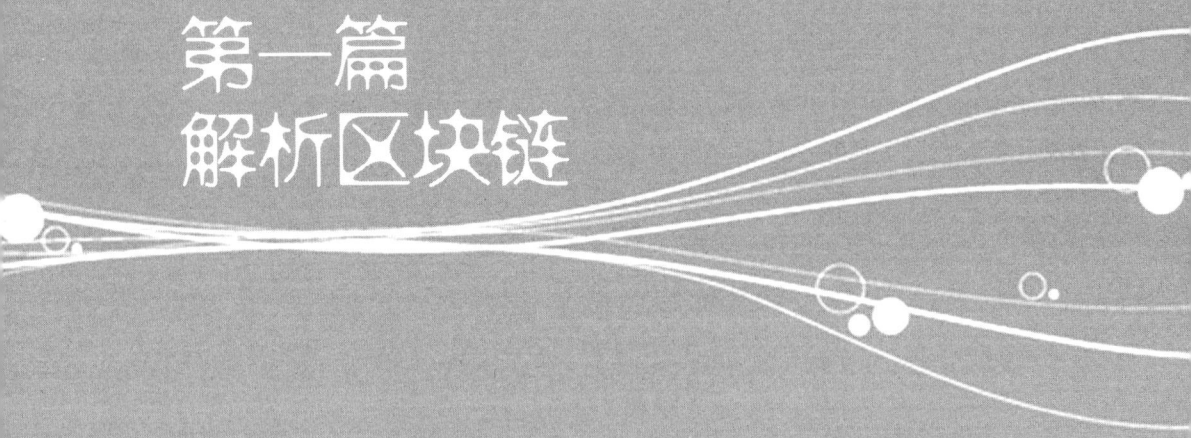

第一章 区块链的产生背景和历史渊源

一、从海币到数字货币

（一）货币的定义

货币，是固定地充当一般等价物的特殊商品。它是在商品交换过程中或劳务支付中被普遍接受的，价值尺度、流通手段、支付手段和贮藏手段的统一体。

货币与其他商品一样，是人类劳动的凝结物，具有价值；同时，也能满足人们某方面的需要，具有使用价值。货币的价值表现在与它相交换的其他一切商品上，而它的使用价值则具有双重性：一方面，它的自然属性的使用价值，可以满足人们生产和生活的多种需要；另一方面，它的社会属性的使用价值，让它作为价值的一种化身和财富的一般代表，在商品流通中起着一般等价物的作用。

货币的本质是固定的一般等价物。随着商品交换的发展，客观上要求某一种能够被大家普遍接受的商品作为交换的媒介，由此，这种商品就从所有商品中分离出来,成为其他一切商品的一般等价物,人们用它可以购买任何商品。

(二)货币的职能

货币的本质决定了货币的五种职能:价值尺度、流通手段、贮藏手段、支付手段和世界货币。

其中,价值尺度和流通手段是货币的基本职能,二者同时产生。货币首先必须表现商品价值并衡量出其价值量,为商品进入流通做好准备。

商品流通过程中,货币作为商品价值的化身和符号,成为价值的独立形式,媒介商品的交换,即由原来的直接物物交换($W_1—W_2$)、间接物物交换($W_1—$各种等价物$—W_2$)演变为商品流通($W_1——$一般等价物货币$—W_2$);商品流通分为商品换货币($W_1—G$)和货币换商品($G—W_2$)两个阶段。

贮藏手段和支付手段由基本职能派生而来。

由于货币是一般等价物,能买到任何商品,成为财富的一般象征和代表。人们通过贮藏货币来实现持续生产的目标,同时,由于货币可直接转化为任何人们所需商品,但是一定量的货币只代表一定量的价值量,货币属性的广泛性和量的有限性也使得人们产生了贮藏货币的需求。

由于生产特点不同,资本周转时间的长短不一,出现了赊销的需求和现象;因此,货币的支付手段职能,起初是体现在流通领域中赊购赊销的延期支付与清偿债务方面。随着商品经济的发展,这一职能不仅限于流通领域,而是被更广泛地用于租金、工资、税收等。

世界货币,是货币前四种职能在世界范围内的体现。随着国际贸易的发展和世界市场的形成,货币不仅在国内市场,在世界市场上也发挥着一般等价物的作用,即货币的价值尺度、流通手段、贮藏手段、支付手段广泛应用于世界范围的市场上。

货币五种职能的排列顺序,表明了它们之间关系的历史结构和逻辑的统一,体现着货币作为一般等价物的本质。

(三)货币形式的历史演变

货币形式又称为货币形态,是指充当货币的材料。几千年来,随着商品交换和信用制度的发展,货币形式也不断发展演变。选择怎样的货币形式,取决于当时的社会生产阶段、经济发展状况和文化环境发展的需求。不同的民族、不同的国家和地区在不同的历史时期,由于各自受到不同的社会生产阶段、经济发展状况和文化环境的影响,出现过不同形态的货币。但是,从货币发展史来看,货币形态总体上都经历了低级到高级、具象商品到抽象符号的发展过程,经历了实物货币——金属货币——代用货币——信用货币——电子货币的历史演变。

当然,由于世界各个国家和地区经济社会发展程度不同,在同一历史时期不同国家的货币发展程度可能并不相同,因此,在同一时期,也并存着各种形式的货币。

1. 实物货币

实物货币,是以自然界存在的或人们生产的物品来充当的货币,它是货币形态的原始形式。

在中国悠久的历史上，曾有很多实物充当过货币，如海贝、龟壳、蚌珠、皮革、米粟、布帛、牲畜、盐、农具等。其他许多民族和国家，也曾使用过贝币。实物货币以实物自身的价值为基础，作为非货币用途的价值和作为货币用途的价值相等，是足值的货币。

由于实物货币形体不一、不易分割、不便携带、不好保存、价值不稳定，无法承担理想的交易媒介任务，越来越难适应日益增加的商品交换对货币的需求，难以满足交换的需要；于是，伴随着商品交换的发展，金属货币逐渐取代了实物货币。

2. 金属货币

金属货币，即以金属作为制作材料的货币。中国具有领先世界两千多年的冶炼技术，也是最早使用金属货币的国家，早在殷商时代，金属货币就成为了货币的主要形式。

相较于实物货币，金属货币更具有担当货币物体的特征，如各部位价值相同，容易分割与合并，质量均匀；价值稳定，便于携带；轻便耐用，更适于流通和保存。

金属货币最开始是以金属条块形式流通，这种金属条块又称为称量货币，由于在使用时每次都要称重量，鉴定成色，进行交换时很不方便，因此随着冶炼技术与商品交换的发展，又出现了克服称量货币种种不便、按一定成色和一定重量铸成一定形状并由国家印记证明其重量和成色的金属货币，即铸币。

铸币最初形态各异，如中国古代铸币的形状有过贝形、铲形、刀形等。此后,由于圆形便于携带,不易磨损,铸币形态逐渐过渡统一到圆形。我国最早的圆形铸币是战国中期的环钱,而流通全国的则是秦始皇为统一中国货币而铸造的"秦半两"铜钱。

铸币在流通过程中会逐渐磨损,由足值货币变成不足值货币,但因商品生产者拿商品去交换货币,并不是为了保存货币,而是为了拿货币再去换得其他所需商品,因此,不足值铸币仍然可以同足值的铸币一样使用。

随着商品交换的不断发展,金属货币特别是贵金属货币流通量的增长已远远不能满足交易量增长的需要,由于金属货币数量的多少受制于金属的贮藏量和开采量,不能随着商品的增长而同步增长,加之大宗交易时,金属货币过于沉重、不便携带,流通费用也比较高;另外,从货币交易媒介的性质来说,人们关心的重点是能否用货币交换到价值相当的商品,而不是货币本身,因此,随着商品经济的日益发达,流通中的货币量日益增多,比金属货币更为方便实用的物品——纸币充当了金属货币的代表,金属货币被代用货币所取代。

3. 代用货币

代用货币,是指代替金属货币在市场上充当流通手段和支付手段的货币。它由银行发行,作为可流通的金属货币的收据代替金属货币流通,其本身的价值就是所代替的金属货币的价值,能够与所代表的贵金属自由兑换,所以又称"兑换纸币"或"银行券"。

尽管代用货币存在一定缺陷,如易伪造、易损坏等,但较之金属货币仍有明显的优点:印制纸币的成本比铸造金属成本低,易于交易和保管,携带方便,节省流通费用,避免金属货币因磨损而使价值不足带来的麻烦,使用更为便利;

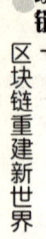

更为重要的是金属货币时代，一些人常将重量、成色十足的铸币进行剪削、切割、熔擦后再推入流通，造成货币流通体系混乱，而代用货币则避免了这种现象的发生。

但是，由于代用货币以有限的黄金作为保证，这种兑换上的联系，使得当商品生产和交易量越来越大，代用货币就不可避免地越来越难以适应交换需要。于是，代用货币渐渐和黄金脱钩了。

我国是世界上最早使用纸币或银行券的国家，最早在市场上流通的纸币是宋朝初年出现的"交子"，意思是交换凭证，比欧洲的兑换券早了几百年。

纸币或银行券的出现是货币币材的一大转折，为其后信用货币的产生奠定了基础。

4. 信用货币

信用货币，又称不兑现纸币，指以信用作为保证，通过信用程序发行和创造的货币。目前世界上几乎所有国家都采用这一货币形态。

信用货币材料的价值低于其作为货币所代表的价值，甚至没有价值，它不再代表和兑现贵金属，发行不以黄金作为准备。因此，信用货币作为交换媒介有两个必需的前提条件：一是货币发行的立法保障和国家的垄断；二是公众对此种货币的信心。这两个条件缺一不可。例如，在一国的恶性通货膨胀时期，人们往往拒绝接受纸币。但如果只有信心，没有立法保障和国家集中发行，这种货币也会由于缺乏有效的监督管理，造成货币流通体系混乱，影响经济的发展。

信用货币主要有三种形态：

（1）辅助币

其主要担任小额或零星交易中的媒介，目前世界各国的铸币权几乎毫无例外地完全由政府独有。

（2）现金或纸币

其主要担任人们日常生活的购买手段。纸币的发行权属于政府或政府授权的金融机关，我国法定的唯一的货币发行机构是中国人民银行。

（3）银行存款

目前，银行具有多种多样的存款，但作为货币执行一般媪介手段的存款，主要是能够通过签发支票办理转账结算的银行活期存款。活期存款实质是存款人提出要求即可支付的银行债券，是存款人对银行的债权。存款人可用于支付商品与劳务和偿还债务。如今，在整个交易中，用银行存款作为支付手段的比重几乎占绝大部分。目前在小额的交易中也开始广泛使用这种货币，如顾客对零售商的支付、工人的工资或薪水等。银行存款具有以下优点：一是可避免其他货币那种容易丢失和损坏的风险；二是传输便利，减少运输成本；三是实收实支，免去找零钱的不便；四是支票在经收款人收讫以后，可以在一定范围内流通。

5.电子货币

随着现代商品经济高度发达和银行转账清算技术不断进步，银行为了给客户提供存取现款、转账结算的方便，并且保证在使用现金和支票过程中的安全，开始采用"电子资金传送系统"。这是一种利用电子计算机系统操作处理存款货币收付与转移的新方式，所以也被称为"电子货币"。

电子货币以电子计算机技术为依托进行储存，集储蓄、信贷和非现金结算等多种功能为一体，其以有消费信用功能的电子磁卡为使用媒介，如银行卡。

较之运用现钞，电子货币具有使用更简便、更安全、更高效、更节约、更准确的特点，正因如此，信用货币的构成已发生显著变化，存款货币在整个货币供应量中的比重已越来越大，现钞的比重已越来越小。

整体上，电子货币已渐渐呈现出取代现金和支票的趋势。这种货币形式的变化，虽然并不引起社会商品流通的任何变动，但却代表了货币形式发展的基本方向，即电子货币是信用货币发展的必然趋势和更高阶段。

二、现代经济的基础是信用

任何货币、银行、金融市场问题总是和信用紧密联系在一起，而当今世界各国使用的货币都是信用货币，银行是主要的信用机构；信用构成了现代经济的基础和核心。

（一）信用的内涵

人类社会发展到今天，"信用"这个词已经有着相当丰富的内涵。对信用的各个方面的认识，可以从不同的层面进行理解。

社会层面，信用主要属于伦理学范畴，是一种具有普世价值的处理人和人之间关系的道德准则，指在社会生活、经济活动的当事人之间以诚实守信为道德基础、交往原则的践约行为。

法律层面，信用的含义分为两层：第一层是指当事人之间的一种关系，只要"契约"规定的双方的权利和义务不是当时交割，而是存在时间间隔，就存在信用；第二层是指当事人双方按照"契约"规定享有的权利和肩负的义务。

经济学层面，信用实质是一种借贷行为，指在商品交换或者其他经济活动中授信人（贷方）在充分信任受信人（借方）能够实现其承诺的基础上，用契

约关系保障本金回流和增值的价值运动。

货币层面,在信用创造学派眼中,信用就是货币,货币就是信用;信用创造货币,信用形成资本。

(二)信用的类型

信用从行为主体角度分类,可分为个人信用、(非政府)组织信用、国家信用;从信用交易性质角度可分为公共信用、企业信用、消费信用、国际信用。

1. 按行为主体分类

(1)个人信用

自然人是社会基本元素,是组织和国家进行社会、经济各项活动的实施者。可能作为个体经营者或企业经济活动的代理人参与经济活动,产生个人信用;更多时候都作为消费者参与经济活动,从而产生特殊形式的个人信用"消费者信用",也就是企业或金融机构对消费者提供信贷产生的信用。

(2)组织信用

组织是由社会各自然人组成的具有特定目的和功能的集体。组织在其内部构建、外部活动中涉及各种契约,有各种与之相关的义务或承诺,因而也有多种涉及信用的问题。在市场经济条件下,企业作为数量最多、影响最广的一类非政府组织,其信用问题是市场信用问题的主要内容。

(3)国家信用

国家是一个社会或经济体中影响力最强的行为主体。它的信用可分为对内的行政、司法信用和对外的外交信用,在社会、经济、法律诸多领域具有比较特殊的内容。其中，国家可以发行或认定一国内流通的法定货币，就是国家信用的一种特殊表现。国家具有维护货币实际价值稳定的义务。

2. 按信用交易性质分类

（1）公共信用

公共信用意味着政府的举债能力。政府为了向本国公众提供诸如国防、教育、交通、保健及社会福利等公共服务，需要庞大的经费才能维持运转。在很多时候，政府的税收往往平衡不了财政支出的增加，从而产生了财政赤字。为弥补财政赤字，政府会发行各种信用工具，这些信用工具代表政府在将来偿还持有者资金的承诺。这种偿还债务的承诺来自公共机构，因此被称为公共信用。

（2）企业信用

企业信用是指企业之间以赊销商品和预付货款等形式提供的信用。具体表现形式很多，如赊销商品、委托代销、分期付款、预付定金、预付货款、按进度预付工程款、延期付款等。其建立在商品交易基础上，金额较小，期限较短，一般只在贸易伙伴之间发生。企业信用的发生比较分散，特定个体的企业信用一般不会对经济秩序或社会秩序产生冲击，但企业信用容易形成债务链，在经营者互相提供信用过程中，形成连环的债权债务关系，其中一环出现问题，就可能使整个链条断裂，出现类似三角债的问题。

（3）消费信用

消费信用又称消费者信用，是金融机构或消费品生产企业向消费者提供的信用。这种信用以自然人性质的消费者个人及其家庭为授信对象，用于个人及

家庭的消费及理财。包括大件消费品赊购、贷记卡消费、消费贷款等形式，其授信人主要是各类金融机构、商业企业、大件耐用消费品生产厂家、房地产开发商、服务企业。

（4）国际信用

国际信用指国际借贷关系，是信用的各种形式在地域上的发展和扩大，包括国际商业信用、国际银行信用、国际金融机构信用、政府间信用等形式。

（三）信用的本质

信用的本质就是一种债权债务的借贷关系。

1. 信用是有条件的借贷

人们互相不计息或者没有其他任何条件要求的借贷行为和借贷关系不是信用，只有有条件的借贷行为即必须偿还和支付利息才是信用，即使有不支付利息的例外，那实质也是贷方由于某种目的而给予借方的一种优惠，这种优惠终究还是要以其他方式回报。例如，西方不少国家的银行对企业的活期存款往往不付利息，但存款者可以享受银行的一些特定服务和取得贷款的某些权利，所以实际上仍然是有利息的。

2. 信用是价值运动的特殊形式

就是指价值运动是通过一系列的借贷、偿还、支付过程实现的。贷出时，商品或货币价值作单方面转移，即所有权并没有转移，只是让渡了使用权；归还时，价值也是作单方面转移，只是借者除归还本金外，还要支付利息，贷方从而得到了价值增值。

3. 信用是一种债权债务关系

借贷活动中，借方将商品或货币借出，称为授信；贷方接受债权人的商品或货币，称为受信。贷方遵守承诺按期偿还商品或货币并支付利息称为守信。借贷行为发生后，借方有付款的法定义务，贷方有要求付款的权利。因此，信用包含着债权债务关系的统一。

4. 信用是与商品货币经济紧密相连的经济范畴

商品生产与货币交换，在不同经济形态中，反映的是不同生产关系的要求，所以，与商品货币经济相连的信用，在各个不同的生产方式中，反映出不同的生产关系，具有不同的性质。在资本主义社会，信用反映的资本家和工人的关系是资本信用；在社会主义社会，信用反映的是社会再生产过程中，国家、企业、个人三者之间协调、互助和支援的关系。

（四）信用的特征

信用主要有以下特征：

1. 金融属性

信用的金融属性包括收益性和风险性两方面。信用活动可以带来收益，以获得收益为目的。与此同时，信用必须承担风险。授信方不但要考虑能否获得利息，还要对本金能否收回的风险进行评估。

2. 文化属性

信用是一种文化，不同的民族（国家或地区）对信用有不同的理解，因而不同民族（国家或地区）的信用文化就会存在差异。例如：我国传统信用文化

的特点是量入为出,而西方信用文化的特点是透支和超前消费。

3. 社会属性

信用的社会属性的重要体现是社会心理层面。信用关系的产生是建立在相关主体相互信任的基础上,是一种特殊的社会心理现象,其也体现着一种社会关系,即信用既是个体行为又是发生在信用关系建立的双方之间的社会关系。

(五)信用的作用

信用在现代经济活动中发挥着积极的作用,主要表现在以下几方面:

1. 集中社会资金,促进社会资金的合理利用

社会再生产过程中,信用可以把闲散资金集中起来,投入到生产当中去,从而扩大生产规模,促进经济的发展;还可以将暂时闲置资金聚集,投入需要补充资金的单位,促进社会资金的合理利用,使社会生产经营顺利进行,优化资源配置,从而使经济更有效地运行。

2. 丰富流通工具并节约流通费用

信用离不开载明债权与债务关系的各种工具,如本票、汇票、支票等。在信用活动中,以银行为主的金融机构创造和提供了丰富的信用流通工具,节约了流通费用。

商业票据、银行券等信用流通工具,节约了金属货币的使用,信用活动中一部分可以抵消的债权债务,减少了支付总量。银行信用的转账结算也节约了现金的使用和损耗,缩短了交易和支付的用时,使商品流通更加高效,节约了

整个社会的流通费用。

3. 调节国民经济的运行，促进宏观经济综合平衡和微观经济搞活

信用是国民经济的一个重要杠杆，可调节国民经济的布局和结构，可调节国民经济发展的速度和规模，促进资源的合理配置，使国民经济比例关系协调，从而有利于宏观经济的平衡和提高微观经济效益。

4. 调节货币流通，保持金融和物价的稳定

国家可以利用信用调节流通中的货币量，使之与商品流通相适应。对企业来说，金融与物价稳定对于其改善经营管理和加强经济核算很重要。对国民经济的宏观管理来说，金融与物价稳定对国民经济的比例平衡很重要。对自然人来说，物价稳定与否的深远意义和现实意义，更是显而易见的。因此，在市场经济条件下，从促进经济持续、稳定、协调发展和保证人民生活安定来说，通过信用调节货币是非常重要的。

5. 监督和反映国民经济活动

在经济活动中，各企业、各部门都和银行有联系，各企业、各部门、各地区的收支状况、资金流动都会反映在资金账户上。通过这些账户，银行可以分析、掌握各企业以及整个经济的运行是否合理，存在什么问题需要及时改进，政府部门及时有效地采取相关措施、政策和手段，调整产业结构，实现经济和谐、健康、持续的发展。

（六）信用是现代经济的基础

信用是现代经济的基本条件，处于至关重要的地位。

一方面，在现代经济生活中，信用即债权债务关系，是一种最普遍的经济关系，经济活动中的各个经济部门、每一个环节都涉及债权债务关系。债权债务关系已成为连接经济各部门、政府、企业、个人最重要的纽带。经济越发展，债权债务关系越紧密，越成为经济正常运动的必要条件。

另一方面，信用货币是现代流通中最基本的货币形式，其在信用的基础上产生的，是一种信用活动。在现代经济社会中，任何人的生活都不可能完全脱离货币，因此信用也就成为一个与人们生活密不可分的经济基础条件。在各种信用活动都纳入具有强大约束力和制衡力的信用规则下运行的情况下，信用会井然有序地运行并具有自动维护机制，各系统之间紧密相连、有机结合，社会信用体系的运作规范而高效，构建了现代经济的重要基础。

三、区块和链的火花，区块链到底是什么

2018年，区块链成为互联网最炙手可热的"香饽饽"，任何与区块链搭上边的企业几乎都能很快获得市场的高关注度。在政府与监管维度上，全球范围内主要经济体都已经从国家战略层面对区块链技术和应用及其未来发展进行了关注、研究和探索，包括联合国社会发展部，中国国务院、工信部和人民银行，英国政府，美国证券交易所等在内的政府和监管机构都纷纷对区块链发声；从企业层面来看，无论是跨国行业巨头，还是创业公司都在争相进军区块链领域，并推起了新一轮创业、创新浪潮。但是截至目前，区块链到底是什么？大多数人心中都打着问号。

在工信部指导发布的《中国区块链技术和应用发展白皮书2016》中，区块链的权威定义是，广义上，区块链技术是利用块链式数据结构来验证与存储数据、利用分布式节点共识算法来生成和更新数据、利用密码学的方式保证数据传输和访问的安全、利用由自动化脚本代码组成的智能合约来编程和操作数据的一种全新的分布式基础架构与计算范式。

通俗地说，如果互联网是"通向未来的高速公路"，那么，区块链就是高速公路上的"秩序规则和体制"，这个"秩序规则和体制"具有去中心化、去信任、开放性、自治性、信息不可篡改、匿名性的特点。

你还可以将区块链想象成一个全民记账的账本，而区块链技术，则是一个

全民参与记账的方式。

区块链（Blockchain）一词由两个词根组成：一是"区块"（Block），一是"链"（chain），这两个词根从数据的形态上对区块链技术进行了表述。

以账本来比喻，全民参与记账的方式（区块链技术）把账本（区块链数据库）中需要存储的账（数据）分成了不同的账页（区块），每个账页之间通过特定的信息按时间顺序首尾相连，呈现一个完整的账链条、一套完整的账数据。

由于去中心化，让记账所有的过程都通过预先设定的程序自动运行，因此可以降低成本、提高效率；由于每个人都有相同的账本，因此，账本记录过程是公开、透明的；由于账本使用协议规定的密码机制进行了认证，因此，账本难以被篡改和伪造。

（一）区块

一张账页（区块）分为两大部分：账页头（区块头）和账页体（区块体）。

账页头（区块头）里面存储着上一张账页（区块）的唯一标识（时间戳+哈希值），本账页体（区块体）的唯一标识（时间戳+哈希值）等。账页体（区块体）存储着本账页（区块）的交易详情、数据记录。

（二）链

区块和区块之间是如何"链"起来的呢？

账本（区块链）由多个相连的账页（区块）构成，第一页被最早构建的账页（区块）称为创世块，拥有一个唯一的账页面的序号（时间戳+哈希值），第一页就像生活中的账本扉页背面的那页，只有一个面，只有一页序号。除创世块外，每账后续建立的账页（区块）都包含两个页面的序号（两个时间戳＋哈希值），一个是前序账页（区块）的序号（时间戳＋哈希值），承接前序账页（区块），另一个是该账页（区块）自身的序号（时间戳＋哈希值），通过各个账页序号（时间戳＋哈希值）间的前后指向顺序，所有账页（区块）按序相连，就构成了整个账本（区块链）。

（三）如何保证账本（区块链）的连续性、完整性和严谨性、防篡改性呢？

首先，每一张账页（区块）上记录的交易是上一张账页（区块）形成之后、该账页（区块）被创建前发生的所有交易详情（价值交换活动），由此，保证了账本（区块链）的连续性、完整性。

其次，一旦新账页（区块）完成后被加入到账本（区块链）的最后，则此账页（区块）的交易记录（数据记录）就不能被改变或删除，除非能够同时控制住系统中超过51%的节点，否则单个节点上对数据库的修改是无效的，由此，保证了账本（区块链）的严谨性、防篡改性。

作为被认为是继蒸汽机、电力、信息、互联网之后，最具有潜力触发第五次革命浪潮的核心技术，区块链能够显著降低信任风险，驱动新型商业模式的诞生等，对现有的社会、生活各个方面都有着潜在的巨大影响，随着经济的发展，区块链将越来越大地发挥改变整个人类社会价值传递方式的作用，重建一个新的世界。

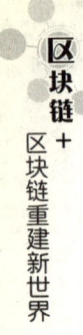

四、区块链对信用问题的改进和解决

（一）改进可追责性问题

在传统的中心化模式里，可追责性由中心化记录系统保证，以信任关系维持，但是即使引入第三方的中心化监管模式，也无法杜绝该第三方被渗透、被破坏与造假的可能性。区块链通过实现数据历史和内容在参与者之间的双向可校验性，使得每个数据节点都可以在保证真实、完整的情况下，对完整的数据历史和内容进行查看和备份，因此在很大程度上提高了信任的可追责性，增加了各方破坏信任关系的成本。

（二）解决所有权确认问题

区块链价值转移过程中的信任机制，主要通过"非对称密钥对"来进行"身份验证"和"授权验证"。"非对称密钥对"的两个密钥，一个用于交易信息加密，一个用于交易信息解密，其中一个密钥公开后（公钥），根据这个公开密钥不能测算出另一个不公开的密钥（私钥）。公钥全网可见，所有人可用自己公钥加密，以保证信息真实性，只有相应私钥可用于解密，以保证信息的安全性。私钥对信息进行签名，通过公钥对签名的验证后，私钥持有人对输出价值的所有权就会被确认，私钥持有人解密后，可以对其收到的价值进行支配。

（三）解决信任执行问题

基于区块链技术的智能合约，不仅是一套以数字形式定义的承诺，而且是一个可以对接收到的信息进行回应和储存，向外发送信息和价值的系统参与者，还是一个可以用计算机系统自动执行已确认合约条款的执行者。正因为这些特点，基于区块链技术的智能合约可以临时保管资产，并按照事先的规则执行操作，从而有效地规避了违约风险与操作风险，解决了信任执行问题以及交易各方的信任问题。

在信用维度上，区块链技术是运用基于共识的数学方法，在机器之间建立信任并创造信用；以双向可校验性解决改进可追责性问题，以"非对称密钥对"解决所有权确认问题，以智能合约解决信任执行问题，最终实现了"去信任的信用"。

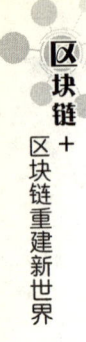

五、中国央行和基于区块链技术的新型货币

互联网时代，随着科技在金融领域应用的不断发展，新一轮的金融科技高潮——区块链技术创新与应用成为了世界各国的一大热点。基于区块链技术的数字货币，是金融科技创新推动下产生的新型货币形式。

简单来说，数字货币是指数字化人民币，是电子货币形式的替代货币，一种法定加密货币，和人民币一样，数字货币作为国家主权货币必须由中央银行来发行，其本身是货币而不仅仅是支付工具。本质上，数字货币仍是一种财富价值的序列符号，其发展并没有脱离信用货币的范畴。

（一）中国央行推进发行法定数字货币的关键时间节点

早在2014年，具有前瞻性的中国央行就专门成立了发行法定数字货币的研究小组，深入论证发行法定数字货币的可行性。

2015年，央行对数字货币发行和业务运行框架、数字货币的关键技术等进一步深入研究，发行法定数字货币的原型方案也进行了两轮修订。

2016年1月，央行在召开的数字货币研讨会上将发行数字货币作为重要战略目标，并首次对外公开。

2016年11月，央行下设的印制科学研究所计划招聘专业人员进行数字货币研发工作，开始筹备数字货币研究所。

2017年，中国人民银行数字货币研究所悄然挂牌成立。

如今，央行基于区块链技术的数字货币研究已不断取得新成果，央行基于区块链的票据交易平台测试成功，由央行发行的法定数字货币已经在该平台运行，央行数字货币正在科学有序、稳妥渐进地推出。全面落地后，中国央行将成为全球范围内首个发行数字货币并开展正式应用的中央银行。

（二）数字货币和电子货币、虚拟货币的区别

数字货币与现行电子货币、网络虚拟空间提供的虚拟货币都有所不同。现行电子货币本质上是法定纸币的数字化，如银行卡、网银、电子现金等。虚拟货币是指网络虚拟空间提供的与现实财富相关的服务价值交换符号。比如，游戏币、网络服务商发行的专用虚拟货币（如腾讯Q币）、用于互联网金融投资的虚拟货币（如比特币）等。

电子货币具有前台交易与后台结算的时间间隔，数字货币是账户"点对点"同步记账，没有前台、后台的时间间隔，也不存在账户之外的记账中心，出账、入账同步发生，支付即完成结算，无须走电子货币的那种流程。二者使用流程不同，性质也有所区别。

虚拟货币与数字货币的根本区别在于，发行者不同。虚拟货币的发行者不是央行，且仅限于特定虚拟网络社区流通；而由央行发行的数字货币则可以用于真实的商品和服务交易。此外，虚拟货币实质是一种商品，可以用电子货币、数字货币购得。

（三）数字货币和支付宝、微信支付的区别

支付宝、微信支付等并非数字货币，只是基于电子账户实现支付的第三方平台的电子支付方式，其交易时所用的钱都是通过银行账户而来，在线下要有实物货币作为对应。数字货币是数字化人民币，这是由复杂算法产生的一段数据，内部包含了区块链和加密技术，使其具有唯一性，数字货币不仅仅是支付工具，其本身就是钱。

（四）数字货币满足人们不同的需求层次

社会需求是数字货币演变的基本动力。从需求层次来看，数字货币通过不断演化来满足人们不同的需求层次，主要包括：

（1）满足人们交易快捷方便的需求，即央行数字货币代替纸币发行和流通，步入方便高效的"无现金社会"。

（2）满足人们对货币币值稳定的需求，即利用区块链技术解决数字货币可能的超发问题。

（3）践行绿色金融理念。消除纸币发行、交易、流通、保管、押运、鉴别、回笼销毁以及银行柜台、ATM等硬件设施的一系列高昂费用，并避免纸币换版冗长周期，践行绿色金融理念。

（4）满足人们对货币安全的需求，建立交易的"可追溯"性，提升经济交易透明度。央行数字货币体系因存储持币人身份资料、清晰完整交易记录，可使得针对现金的抢劫、盗窃等犯罪无从实施。基于区块链技术等查询和验证交易行为，法律许可范围内，可实时追溯、监测每枚数字货币的具体流向和交易用途，有效甄别黑市洗钱、腐败赃款、贩毒走私、地下钱庄、欺诈交易、逃漏税、恐怖融资、逃避资本管制等非法交易，涉及数字货币成功注销、回收。

（5）满足群众精准扶贫的需求，推动"普惠金融"数字化，实现金融精准扶贫。央行数字货币不依赖银行机构网点、无需金融中介、不用排队等待；基于区块链的智能合约颠覆双边保证金与清算规则，清晰记录交易痕迹、积累社会信用评价，无须繁琐流程，取现或支付不再绑定银行账户，以智能手机作为最佳移动终端设备，提供"海量、小微"包容性、普惠性金融服务，显著覆盖金融服务薄弱对象。

（6）避免扶贫、救灾资金"跑冒滴漏"问题。通过记录、存储货币起源、支付路径等关键信息，杜绝挪用、截留财政专项拨款，避免扶贫、救灾资金"跑冒滴漏"。

（7）提高货币政策工具"定向"调控。央行数字货币借助区块链智能合约（预设逻辑强制履约）精确测算、实时掌控货币供应量及结构、货币乘数、流通速度、时空分布等情况，实现国民经济可编程性，有效控制数字货币流通领域和投放重点，实现新增货币精准投放，保证投放实体经济、避免推高房地产泡沫，有效投放节能环保产业、避免投放产能过剩产业。

（8）满足人们对数字货币跨界使用的需求，即世界范围内货币通用性等。

（9）满足人们对根治汇率难题，消弥货币战争危险的需求。基于区块链分布式等技术的数字货币颠覆SWIFT为底层的支付清算网络，全球各分布节点和参与者共同验证，无需币种换算、消除汇率波动，消弥货币竞争性贬值、货币战争等隐患。

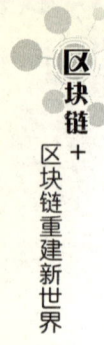

六、从互联网到区块链

就像各种生命有机体的发展进化过程一样，互联网也在不断进行着从简单到复杂、从初级到高级的发展演进，走过了一条从信息互联网到价值互联网的道路。

信息互联网的特质是实现了信息的互联互通，解决了人对信息聚合、搜索的需求。而价值互联网，在信息互联网的基础上增加了价值属性，使得人们开始在互联网上像传递信息一样便利快捷、低成本地传递价值。

以区块链的出现为时间节点，价值互联网经历了两个发展阶段。

区块链出现前，价值互联网处于初级阶段，其发展模式呈现碎片化特征，主要以一些中介化机构为中心。区块链出现后，价值互联网具有了有力的底层基础协议，步入了高级阶段，区块链技术所蕴含的特点，使得基于区块链技术的应用更容易在世界范围内传播。

一是区块链具有的分布式共享特点，使得区块链成为了价值互联网的分布式账本系统，可以对互联网上的各种数据资产及其处理这些数据资产的事务进行分布式记录，并在存储事务前，对其进行验证。一旦验证完毕，将是共享的、匿名的，并通过分布式协作、分布式维护，使其有效地防篡改、易查询。这种分布式共享，因整合了各方力量，而让分享和协作蔚然成风。

二是通过时间戳等，区块链构建起了真实记录历史交易事件全程、全员的机制，交易事件记录全网认可、透明、可追溯，明确了大数据资产来源、所有权、使用权和流通路径，在还原历史的同时，也可预测未来，对数据资产交易具有很大意义。

三是区块链去中心化、去信任的机制，可以单节点完成交易确认，以及对资金进行实时清算，免去目前不同机构之间进行对账的第三方信用、时间成本和资本耗用，并且有效提升了清算效率。

四是通过密码学算法的背书，区块链能有效地保护在互联网进行信息共享的参与者的个人隐私。

五是区块链对各类资产价值转移可进行编程的特点，能够建立起数据资产的智能化管理的机制，对资产进行自动化、智能化管理，从而推进价值互联网的发展，构建起分享经济新秩序。

六是区块链通过在机器之间建立"信任"，将价值互联网划分出"信任"的连接层，对数据资产和经济价值进行记载、验证和转移，使得价值互联网变得更可信任、更加高效、更有秩序。

第二章 解析区块链

一、区块链的模型架构

区块链基础模型架构分为六层，自下而上包括数据层、网络层、共识层、激励层、合约层、应用层。每一层在完成一项核心功能的同时，与其他各层互相配合，从而实现一个去中心化的信任机制。

（一）数据层

数据层封装了链式结构的底层数据区块，以及相关的非对称公私钥数据加密技术和时间戳等技术。

（二）网络层

网络层的主要功能是实现区块链网络中节点之间的信息交流，包括分布式组网机制、数据传播机制和数据验证机制等。

区块链网络采用了完全P2P（点对点）的组网技术，每一个节点既接收信息，也产生信息，节点之间通过维护一个共同的区块链来保持信息交流。

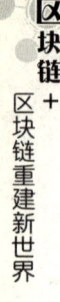

由此，区块链也具有自动组网功能，每一个节点都可以创造新区块，新区块创造好后会广播通知其他节点，其他节点立即对这个新区块进行验证，全区块链网络超过51%的用户对其验证通过后，这个新区块就会被添加到主链上。

（三）共识层

共识层的主要功能是让高度分散的节点在去中心化系统中，高效地针对区块数据的有效性达成共识。

共识层主要封装网络节点的各类共识机制算法。目前已出现十余种共识机制算法，包括工作量证明机制（PoW）、权益证明机制（PoS）、股份授权证明机制（DPoS）、实用拜占庭容错算法（PBFT）等。

共识层封装的共识机制算法是区块链技术的核心技术，这一层的技术决定了到底由谁来进行记账，记账者选择方式将会影响到整个系统的安全性和可靠性。

（四）激励层

激励层包括经济激励的发行机制和分配机制等，是将经济因素集成到区块链技术体系中的一层架构，其主要功能是通过提供一定的激励措施，鼓励节点参与到区块链的安全验证工作。

激励层主要出现在公有链中，因为在公有链中必须对遵守规则参与记账的节点进行激励，并且对不遵守规则的节点进行惩罚，才能让整个系统朝着良性循环方向持续发展。而在私有链中，则不一定需要进行激励，因为参与记账的节点往往已在链外解决了参与记账的条件问题。

（五）合约层

合约层主要封装各种脚本代码、算法机制和智能合约等，是区块链可编程特点的基础。比如，比特币就是一种可编程的货币，其合约层封装的脚本中规定了比特币的交易方式和交易过程中涉及的种种细节，但是比特币的合约层并不完备，即不支持循环语句；以太坊在比特币结构的基础上，于合约层内置了编程语言协议，从而在理论上可以实现任何应用功能。

（六）应用层

应用层封装了区块链的各种应用场景和案例，包括可编程货币、可编程金融、可编程社会等。

在区块链的模型架构中，基于时间戳的链式区块结构、分布式节点的共识机制和灵活可编程的智能合约是区块链技术最具代表性的创新技术。其中数据层、网络层和共识层三层是构建区块链应用的必要架构层，而激励层、合约层和应用层三层则并非每个区块链应用的必要架构层，有一些区块链应用并不完整地包含这三层结构。

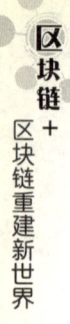

二、区块链的五大类型

目前,区块链主要发展出了以下五种不同的类型:

(一)公有链

公有链是指全世界任何人都能发送交易且交易能获得有效确认,任何人都能参与它的共识过程的区块链。公有链是最早产生、目前应用最广泛的区块链。

公有链有四个特点:

1. 对使用端的保护在所有区块链中最高

在公有链中程序开发者无权干涉用户,区块链可以保护用户免受开发者的影响。

2. 访问门槛低

只要有一台联网的计算机,任何人都可以访问。

3. 所有数据默认公开

链中所有参与者可以隐藏自己的真实身份,但是链上所有数据默认公开,参与者可以通过公有链的公共性来保证自己交易的安全,因为链上所有参与者都可以看到其他任何人的账户余额及其所有交易记录。

4. 完全去中心化的区块链

公有链通常被认为是完全去中心化的区块链；它通过在网络环境中建立共识，形成了去中心化的信用机制。

公有链主要适合于虚拟货币、面向大众的电子商务、互联网金融等 B2C、C2C 或 C2B 等应用场景，目前比较有名的公有链包括比特币、以太坊、超级账本等。

（二）私有链

私有链仅由某个组织、机构或者个人使用，使用者独享写入权限，而该链的读写权限、参与记账权限是否对外开放，由使用者决定。目前，私有链的应用场景主要是企业内部的应用，如数据库管理、审计等。

私有链有四个特点：

1. 部分去中心化

相较于公有链的完全去中心化，私有链是部分去中心化。

2. 交易速度非常快

私有链所有的节点和网络环境完全可控，从而保证了在处理速度方面远远优于公有链。

3. 给隐私更好的保护

私有链提供了安全、可追溯、不可删改、自动执行的运算平台，可以同时防范来自内部和外部对数据的安全攻击。

4. 可以选择没有代币的设计方案

为了让每个节点参与竞争记账，公有链需要设计一种奖励制度，其通常在内部会有某种代币，以鼓励那些遵守规则参与记账的节点。而私有链却是可以选择没有代币的设计方案。因为，私有链基本上都是属于某个机构内部的节点，对于这些节点而言，参与进行记账本身可能就是链的使用组织、机构上级的要求，记账本身就是工作的一部分，因此无须通过代币奖励机制来激励每个节点进行记账。

从这一点上，我们可以看出，代币系统并不是每个区块链都必然需要。考虑到处理速度及账本访问的私密性和安全性，可以预见，未来会有越来越多的企业在选择区块链方案时，更倾向于选择私有链技术。

（三）联盟链

联盟链，又称行业链，是指其共识过程受到预选节点控制的区块链。

例如，你可以想象一个由 20 个机构组成的联盟体，每个机构都运行着一个节点，该联盟链的记账人，是这个联盟体内部指定的多个预选的节点，这些预选的节点参与共识过程，共同决定每个区块的生成，其他接入节点可以参与交易，但不过问记账过程。

联盟链的应用场景主要是机构间的交易、结算或清算等 B2B 场景。比如，银行进行支付、结算、清算的系统就可以采用联盟链形式，将各个银行的网关节点作为记账节点，当网络上有超过 2/3 的节点确认一个区块，该区块记录的交易就会得到全网确认。联盟链可以根据应用场景来决定对公众的开放程度。

目前，比较著名的联盟链有 R3、中国区块链研究联盟、中国分布式总账基础协议联盟、金融区块链合作联盟等。

联盟链具有以下特点：

（1）多中心化。

（2）对安全和性能的要求比公有链高。

（3）可扩展性很强，更适用于很大规模的交易。

（4）适用于产业或国家进行的清算、结算，容易进行权限控制。

（四）跨链

跨链，通过技术手段，让价值跨过链和链之间的障碍进行直接流通。作为分布式总账的一种，每条区块链就是独立账本，价值不能在账本与账本之间转移，跨链就像一座桥梁，架在两个账本之间，使一条区块链上存储的价值转移到另一条链，实现价值的流通。

目前出现的跨链技术主要有四种：公证人机制、侧链／中继、哈希锁定、分布式私钥控制。

（五）互联链

互联链，就是各种不同的区块链之间通过某种互联互通协议连接起的一个更大的生态区块链。比如，电子商务公有链＋物流公有链＋物流联盟链＋银行联盟链＋……它们之间进行互联互通后，可以相互协作、通讯、共识，就形成了一个典型的互联链。未来，国内区块链之间，国外区块链之间，国内与国外区块链之间，都可以通过互联互通协议进行互联，最终形成区块链全球网络。

三、区块链中的密码学基础

密码是通信双方按约定的规则进行信息交流的一种重要保密手段。密码学是一门研究加密和解密的技术科学,是信息安全理论与技术的基石,是保护数据和信息不可或缺的有力武器,是现代信息网络得以生存和不断发展的基本前提,在信息安全领域发挥着中流砥柱的作用,区块链技术也依赖于密码学的研究成果。

为保证信息的安全与完整,区块链的构造中使用了大量的现代密码学技术,这些密码学技术也被用于共识算法和识别用户方面。由于主题和篇幅所限,我们只简单介绍其中主要密码学技术的相关概念、特性和应用。

(一) Hash 算法和 Hash 函数

Hash(哈希或散列)算法是非常基础也非常重要的计算机算法,在现代密码学中扮演着重要的角色。它能将任意长度的二进制明文串压缩为较短的(通常是固定长度的)二进制串(Hash 值或散列值),并且不同的明文很难映射为相同的 Hash 值。Hash 算法通常用于实现数据完整性和实体认证,并且构成多种密码体制和协议的安全保障。

Hash 算法和 Hash 函数具有以下特性：

1. 易压缩

对于任意大小的输入 x，Hash 值 H（x）的长度很小，在实际应用中，函数产生的 Hash 值长度是固定的。

2. 易计算

给定明文和 Hash 算法，在合理有限的时间内能很快计算得到 Hash 值。

3. 原像不可逆

即知道输入值，很容易通过哈希函数计算出哈希值；但知道哈希值，却很难（基本不可能）计算出原来的输入值。

4. 抗碰撞性

碰撞是与哈希函数相关的重要概念，指两个不同的消息在同一个哈希函数作用下，具有相同的哈希值。哈希函数具有安全性的体现是指在现有的计算资源（包括时间、空间、资金等）下，即使存在两个碰撞的消息，但是在计算上两个碰撞的消息是不可行的。

对区块链来说，哈希函数的抗碰撞性可以用来做区块和交易的完整性交易。由于哈希函数的抗碰撞性，很难找到另一个消息经哈希运算之后得到相同的哈希值，这意味着如果原消息在传输过程中发生任何改变，新产生的哈希值都会出现很大不同，由此，我们可以把哈希函数作为原输入消息的指纹。在区块链中，某区块的头部信息中会存储着前一个区块的信息的哈希值，根据前一个区块的信息，就可以通过比对计算出来的哈希值和存储的哈希值，来检测出前一个区块的信息的完整性。由此，信息在区块链传输、存储过程中，信息可

以不被未授权的篡改或篡改后能被及时发现。

5. 难题友好性

即没有快捷的方法可以产生一个满足特殊要求的哈希结果，这样，通过哈希运算得出的符合特定要求的哈希值，就可以作为共识算法中的工作量证明。这一特点由此构成了基于工作且证明的共识算法的基础。

（二）加解密算法

1. 加密解密编码的基本概念

（1）明文

通信过程中，信息的发送方将要发送的信息称为明文。在现代的网络通信过程中，信息一般是转换为0和1的比特序列传输，加密与解密运算一般也是对该比特序列进行的运算。

（2）加密

通过某种运算或变换将明文变为表面上获取不到任何有用的信息的随机消息，从而将明文中的有效信息加以隐藏的过程称为加密。

（3）密文

在上述的加密过程中产生的随机序列称为密文。

（4）解密

加密过程的逆过程，即由密文恢复出明文的过程称为解密。

（5）密钥

加密与解密的算法通常都需要有一组密钥参与并控制。加密过程中使用的密钥称为加密密钥，解密过程中使用的密钥称为解密密钥。

2. 加解密算法

加解密算法是密码学的核心技术，从加密原理上可分为两大类，即对称加密算法（又称为私钥加密或单钥加密）和非对称加密算法（又称为公钥加密或双钥加密）。

（1）对称加密算法

加密和解密过程的密钥相同，优点是加解密效率高、速度快、空间占用小、加密强度高。缺陷是参与方都需要提前持有密钥，一旦有人泄露则安全性被破坏；此外，如何在不安全通道中提前分发密钥也是个问题，需要借助Diffie-Hellman协议或非对称加密方式来实现。

在对称加密算法中，根据对明文加密方式的不同又分为流密码和分组密码两种。流密码是指明文消息按字符逐位地加密，而分组密码是将明文消息进行分组，逐组地进行加密。

（2）非对称加密算法

非对称加密可以很好地解决对称加密中提前分发密钥的问题。

非对称加密算法中，有一对密钥，加密密钥和解密密钥不同，分别称为公钥和私钥。私钥一般需要通过随机数算法生成，公钥可以根据私钥生成。

公钥一般是公开的，他人可获取的，任何人可用其进行加密从而向特定的接收方传送消息；私钥一般是个人持有，他人不能获取，用于解密过程。

非对称加密算法的优点是公私钥分开，不安全通道也可使用。缺点是处理速度（特别是生成密钥和解密过程）往往比较慢，一般比对称加密算法慢2~3

个数量级；同时加密强度也往往不如对称加密算法。

非对称加密算法的安全性往往需要基于数学问题来保障，目前主要有基于大数质因子分解、离散对数、椭圆曲线等经典数学难题进行保护。

3. 加解密算法的基本操作

在加解密算法的过程中，现代密码学主要运用三种操作：替换、移位和异或。

替换，指用明文以外的其他字符以一定的规律去代替明文中出现的字符，从而生成密文以达到迷惑攻击者的目的。

移位，指在生成的密文中不增加明文以外新的字符，只是通过改变明文中字符出现的顺序来达到加密的效果。

异或，指因为在现代加密解密编码中大多数是对于 0 和 1 的比特序列进行运算操作，所以引入异或概念，即在 0 和 1 的二元运算中，相同出 0，不同出 1。

（三）消息认证码和数字签名

1. 消息认证和消息认证码

信息安全，需要实现信息的保密传送，使其可以抵抗窃听、截取等被动攻击；与此同时，还需要能防止攻击者对系统进行主动攻击，如伪造和篡改消息内容等。认证，是对抗主动攻击的主要方法，它对于开发网络中各种信息系统的安全性发挥着重要的作用。

消息认证是指验证者验证所接收到的消息是否确实来自真正的发送方，并且消息在传送中没被修改的过程。消息认证是抗击伪装、内容篡改、序号篡改、计时篡改和信源抵赖的有效方法。

加密技术可用来实现消息认证。假如使用对称加密方法，那么接收方可以肯定发送方创建了相关加密的消息，因为只有收发双方才有对应的密钥；而如果消息本身具有一定结构、冗余或校验和的话，那么接收者很容易发现消息在传送中是否被修改。假如使用公钥加密技术，则接收者不能确定消息来源，因为任何人都知道接收者的公钥；但这种技术可以确保只有预定的接收者才能接收信息。

数字签名也可用来实现消息认证。验证者对签名后的数据不仅能确定消息来源，而且可以向第三方证明其真实性，因而还能防信源抵赖。

消息认证更为简单的实现方法是利用消息认证码。

消息认证码（MAC）是一种认证技术，是指消息被一密钥控制的公开函数作用后产生的，用于认证的、固定长度的数值，也称为密码校验和。认证码与通信中的检错码不同，检错码用来检测由于通信缺陷而导致消息发生的错误，而认证码用来防止攻击者恶意篡改或伪造消息。

2. 数字签名

对签名的基本要求是无法伪造、容易认证和不可抵赖。手写签名一般通过某人特有的笔迹满足签名的三个基本要求，而数字签名和手写签名的功能非常类似，好的数字签名比手写签名更能够防止别人伪造。因此，包括我国在内的很多国家都设立了电子签名法，承认数字签名和手写签名具有同等的法律效力。

不仅如此，通过数字签名还能实现认证机制，如果一份消息附带有某人的数字签名，那么可以确信该消息确实是从该用户处发出的，而不是其他人伪造的；因此，数字签名也可以说是连接加密技术和认证技术的桥梁。

有效的数字签名具备以下几个特点：

（1）签名是可以被确认的，即收方可以确认或证实签名确实是由发方签名的。

（2）签名是不可伪造的，即收方和第三方都不能伪造签名。

（3）签名不可重用，即签名是和消息绑定在一起的，不能把签名移到其他消息（文件）上。

（4）签名是不可抵赖的，即发方不能否认他所签发的消息。

（5）第三方可以确认收发双方之间的消息传送但不能篡改消息。

一般而言，最简单的数字签名就是发送方将整个消息用自己的私钥加密，接收方用发送方的公钥解密，解密成功就可验证确实是发送方的签名；但这种方法存在一个缺陷，就是被签名的文件或消息可能很长。由于公钥加密运算速度慢的原因，如果将整个文件都用私钥加密，则加密会非常耗时而不可行；因此，在实际中一般是先对消息用散列函数求消息摘要（散列值），然后发送方用其私钥加密该散列值，这个被发送方私钥加密的散列值就是发送方的数字签名，将其附在文件后，一起发送给接收方就可以让其验证签名了。验证签名时，接收方先用发送方的公钥解密数字签名，然后将提取到的散列值与自己计算该文件的散列值相比较，如果相同就表明该签名是有效的。

第三章 掀开区块链技术的面纱

一、区块链运作的四大核心技术

区块链之所以成为科技领域最热门的话题，主要在于其解决的关键问题是交易的信任和安全问题，而支撑区块链运作的则主要在于其四大核心技术——分布式账本、非对称加密和授权技术、共识机制和智能合约。

（一）分布式账本

分布式账本是一种去中心化的，在网络成员之间共享、复制和同步的数据库系统。即在区块链交易记账操作过程中，交易记账由分布在不同地方的众多网络节点共同完成，每一个节点记录的都是完整的账目，因此，每一个节点都可以参与并监督交易的合法性，同时共同为其他用户作证。

区块链分布式账本的数据对所有的人公开，所有的参与者都能在互联网上共享这些数据，保证了账本的公正性。

区块链分布式账本的记账方式避免了传统单一记账人因种种因素而记假账的可能性，保证了账目数据的真实性和安全性。

作为一种永久存储、信息不可篡改的分布式账本，区块链由数以亿计的大量计算机节点共同维护。复杂的校验机制使得保存在区块链上的数据具有连续性和一致性，就算某些计算机造假篡改了数据也无法改变整个区块链的完整性和可回溯性。

（二）非对称加密和授权技术

作为区块链的核心技术之一，非对称加密技术可以用于用户的身份验证。区块链中每一个数据块中包含了一次网络交易的信息，产生相关联数据块所使用的技术就是非对称加密技术。非对称加密技术的作用是验证信息的有效性和生成下一个区块。

另外，区块链上网络交易的信息是公开透明的，但是用户的身份信息是被高度加密的；只有经过用户授权，区块链才能得到该身份信息，从而保证了数据的安全性和个人信息的隐私性。

用区块链验证身份的唯一风险就是私钥被盗，所以，只要用户妥善保管好自己的私钥，别人就无法伪造你的身份。

（三）共识机制

区块链的共识机制用于让所有记账节点之间达成共识，从而认定一个记录的有效性。这既是认定记录的方式，也是防止任意节点篡改数据的手段。在区块链共识机制发挥作用的过程中，所有当前参与的节点共同维护着交易及数据库，它使交易基于密码学原理而不是基于信任，使任何达成一致的双方，能够直接进行支付交易，无须第三方参与。区块链上的共识机制有很多种，不同的应用场景根据效率和安全性的考量选择不同的共识机制。共识机制主要包括工作量证明、权益证明、股份授权证明。

（四）智能合约

智能合约指的是基于区块链中不可被随意篡改的数据，可以自动化执行一些预先设定好的规则和条款。比如，基于用户真实的信息数据，在一些标准化的保险产品中，可以进行自动化的理赔。

二、区块链价值设计七大原则

（一）网络信任

1. 数据更可信

传统网络中，数据通常被强势参与方以中心化方式存储，业务数据难以共享。数据可信度由数据持有者以商业信用保证，只能建立主观信任。当社会监督机制失灵，其他参与者需要付出额外的成本来降低数据被恶意篡改的风险。区块链将数据输入历史按时间先后顺序链在一起，并通过共识机制使得参与各方共同验证和拥有这些数据。由于众多节点全部持有相同的数据副本，在密码技术下保证了数据几乎不能被篡改，因此降低了信任风险，使得数据更可信。

2. 契约履行更可信

传统合约由于是事后依人的主观意愿执行，合约履行成效受参与主体个体主观因素影响极大，只要其中一方违约，另一方就需要付出高昂的成本（担保、保险、律师费、漫长的司法程序等）才能完成追索，有时甚至得不偿失。而区块链的智能合约却不一样，只要触发条件满足，计算机程序就会自动执行智能合约，参与主体之间的数字化资产账户数据就会按合约规定完成转移，由此，履约成本被大为降低、交易确定性提高。契约可信是社会人际往来的基础，区块链智能合约重建了契约自动实现机制，必然会给社会带来深远的积极影响。

3. 长周期交易效果更能达到预期

传统业务在多主体开展时，往往因很难判断间接主体提供信息的真实性、有效性而增加风险；并且，还会因业务的隔离，而致使主体间难以延伸出多级或跨级业务。区块链技术通过保证了长周期交易链条中各参与主体的身份真实、数据可信，以及实现价值与信用的多级传递，从而免去中介背书等因缺乏信任导致的摩擦成本，促进业务扁平化发展，提升多方交易效率，使长周期交易效果更能达到预期。

4. 交易历史完整、可追溯

当交易产生时，区块链会将交易及其时间戳全部记录下来，为参与交易的各方保留可信的历史记录，并提供对历史的追溯查询，从而基本保证了交易的不可篡改和不可抵赖。

（二）激励

区块链共识过程中，以大规模汇聚众多共识节点的算力资源，来实现共享区块链账本的数据验证和记账工作，类似于一种共识节点的任务众包过程。在区块链去中心化系统中的共识节点，其本身具有自利性，其最大化自身收益是参与数据验证和记账的根本目标。因此，区块链系统通过设计适度的经济激励机制——一种相容的合理的众包机制，使得共识节点因最大化自身收益的个体行为与保障区块链系统的安全有效的整体目标相符合，而形成了对区块链历史

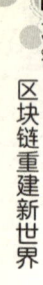

的稳定共识。

（三）非对称加密

在密码学史上，非对称加密的出现是一个重要的里程碑。其使用的公钥概念解决了对称加密的单密码方式中最难解决的密钥分配问题和数字签名问题。

在非对称加密体系中，密钥被分解为公钥和私钥一对，公开密钥用于加密，私有密钥用于解密。私有密钥只能由生成密钥的交换方掌握，公开密钥可广泛公布，但它只对应于生成密钥的交换方。

非对称密钥有两种使用方式，传送保密信息和消息认证。

1. 传送保密信息

通过实现多个用户用公钥加密的消息只能由一个用户用私钥解读，而实现在公共网络中的通信保密。

2. 消息认证

由于公钥是公开的，一个用户用私钥加密的消息可被其他多个用户用对应的公钥解读，因此，可实现认证系统中对消息进行数字签名和证明消息的来源。

非对称加密方式因其使通信双方无需事先交换密钥就可建立安全通信的特点，而广泛应用于身份认证、数字签名等信息交换领域。

（四）保护隐私

1. 区块链网络是一种 P2P 网络

P2P 网络很难实现网络窃听，节点之间采用中继转发的模式进行通信，杜绝了传统网络中通过窃听网络流量发现用户之间通信关系的问题。

2. 区块链技术支持匿名交易

区块链交易中使用的地址通常由用户自行创建和保存，不需要第三方参与，地址本身和用户身份信息无关；此外，区块链地址通常具有非常大的地址空间，出现碰撞的概率非常低，这使得用户可以为每次交易生成不同的地址，从而增强交易的匿名性。

3. 采用区块链技术的应用程序通常是去中心化架构

而去中心化架构能够有效应对网络攻击，不需要在中心服务器上存储账户、密码等敏感信息，从而能够避免传统服务器被攻击而导致的数据泄露风险。

（五）安全性

区块链就是通过这种分布式总账技术方式构建出相当高的安全性。

首先，每个节点权利都一样，在整个系统中的权重都一致，任意节点被摧毁都不会影响整个系统的安全，也不会造成数据丢失。

再者，每个节点的账本数据都一样，单个节点的数据篡改没有任何意义。除非能够控制整个系统中的大部分节点，即通常所说的51％攻击，才能发动对账本数据的更改。但是，篡改数据的可能性与整个系统中的节点数量成反比，并且分布在世界上各地，因此，51％攻击的难度和成本都极其之大。

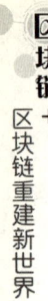

（六）权利保护

1. 去中心化

整个网络没有中心化的硬件或者管理机构，任意节点之间的权利平等，且任一节点的损坏或者失去都不影响整个系统的运作。

2. 去信任

参与整个系统中的每个节点之间进行数据交换是无需互相信任的，整个系统的运作规则是公开透明的，所有的数据内容也是公开的，因此在系统指定的规则范围和时间范围内，节点之间不能也无法欺骗其他节点。

3. 集体维护

系统中的数据块由整个系统中所有具有维护功能的节点来共同维护的，而这些具有维护功能的节点是任何人都可以参与的。

4. 开源

由于整个系统的运作规则必须是公开透明的，所以对于程序而言，整个系统必定会是开源的，保护了参与者的知情权。

5. 匿名性

由于节点和节点之间是无需互相信任的，因此节点和节点之间无需公开身份，在系统中的每个参与的节点都是匿名的，保护了参与者隐私权。

（七）包容性

在全球，大概有20亿的成年工作者没有机会享受正规的金融服务。撒哈拉以南非洲地区，只有24%的成年人拥有银行账户。那些流入发展中国家的资金，往往在当地产生高额的交易费用，无法真正帮助那些想要创业的居民。

在这种情况中，互联网只是集权于某小部分玩家的东西，由此极其不利于创业者。区块链有效地解决了这种问题，其可以助力创新发展的企业精神，并为他们提供更好地获得资本的渠道；其有着巨大的包容性和普惠性，极大地降低了交易成本，比如资金转移和汇款；降低了拥有属于自己银行账户、获取信用和投资的门槛；提高了个人创业和国际贸易的参与度；它不仅仅是资本再分配，更开创了新的资本分配方式。

目前，已有一些团体和机构开始致力于推进和倡导区块链的包容性，并帮助个人和社区接触了解区块链和一些新科技生态系统，为不同的人群提供发展机会。在这些包容性举措中，我们发现，目前在区块链领域，女性数量大体上领先，这一发现和我们之前在互联网时代初期的情况截然相反。

繁荣的基础是包容，包容包含了方方面面，它意味着社会霸权、经济霸权、种族霸权的终结，也意味着健康歧视、性别歧视、性别鉴定的终结，而区块链能够为这些人类理想的实现提供支持。通过让技术更人性化，发展包容性，最终消除歧视，连接全球经济和企业实体，这是区块链价值设计的另一贡献。

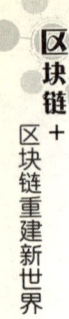

三、区块链交易流程

一般意义上,交易是一手交钱一手交货的,区块链的交易不一样,它的交易是转账。

如果每一笔转账都需要建立一笔交易数据会很不便利,为了让价值容易分割、容易组合,区块链的交易被设计为可以进行多个输入和输出,也就是一笔交易可以转账给多个人。从生成交易到传播交易,再到工作量证明,进行全网络节点验证,最终记录到区块链,就是区块链交易的一个完整链条。

(一)生成交易

交易者甲用他的私钥对前一次交易和下一位交易者乙签署一个数字签名;并基于签名制作交易单。此时,乙是以公钥作为接收方地址。

(二)传播交易

将交易单广播至全网的节点,每个节点都将接收的交易信息纳入一个区块中。

(三) 工作量证明

每个节点通过类似于解一道数学题的工作量证明机制,获得创建新区块的权力,并争取得到一定的奖励。

(四) 全网络节点验证

当一个节点找到解时,它就向全网广播该区块记录的所有盖时间戳的交易,并由全网其他节点核对。

(五) 记录到区块链

全网其他节点核实、验证该区块记账的正确性,确认没有错误后他们将在该合法区块之后竞争下一个区块,从而形成一个合法记账的区块链。

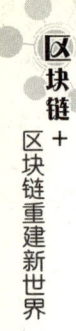

四、区块链的技术挑战

毋庸置疑,区块链技术对于金融业、医疗行业、公证、通信领域等各个领域的发展都将产生不可估量的作用,但是,即便如此,区块链依然存在一些不可避免的技术挑战。

具体来讲,区块链面临的技术挑战主要体现在以下方面:

(一)技术本身的特性受限带来的挑战

根据现在实际情况来看,区块链在各个领域中的应用并没有非常成熟,其原因主要在于区块链本身的交易速度非常慢——这是当前区块链在应用过程中所面临的一个重要的技术挑战。

(二)技术进入门槛限制带来的挑战

区块链技术体系非常复杂,它涉及密码学、计算数学、人工智能等诸多跨学科、跨领域的一些前沿学科,一些普通的工程师很难在短期内去完全掌握它。

(三)场景应用受限带来的挑战

当前,区块链的应用场景,主要集中于虚拟货币类场景、记录公证类场景、智能合约场景、证券应用场景以及社会事务场景等，与我们大众生活仍然有相当的距离，让人觉得不够接地气；因此，对于区块链技术的追捧，目前主要集中于一些高中端人群和企业中。以互联网协议为技术的区块链，如果没有一个庞大的用户群作为发展基础的话，在未来的发展前景将会受到极大的限制，将很难突破大众、主流市场。

（四）安全性问题带来的挑战

从互联网角度来讲，任何时候，都不能够轻信一个系统是绝对安全的。区块链也存在着安全性的技术局限。

1.51%攻击

区块链需要引入大量公共资源参与到体系中来，若参与计算的节点数太少、则会面临51%攻击的可能性，对体系的良好运转产生威胁。另外，攻击者还可以将攻击对象转换为攻击使用的个人，如侵入个人的钱包或者攻击相关平台等，因为用户与钱包之间的别名身份在匿名性上其实是相当弱的，加之区块链交易具有公开、透明的特点，任何人可以通过观察区块链得出关于某事的结论。

2.私钥与终端安全

在目前比特币的机制下，私钥存储在用户终端本地。如果用户的私钥被窃取，将对用户资金造成严重损失。区块链如何解决私钥易被窃取的难题，仍需探索。

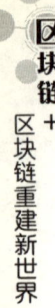

3. 共识机制安全

现阶段情况下,多种基于区块链的共识机制已被提出,包括 PoW、PoS 等;但这些共识机制能否实现真正的安全,仍缺乏严格的证明与试验;因此,如何保障共识机制的安全是一大挑战。

(五)扩展性问题带来的挑战

区块链本身是一个非常难以预测的系统,不论是其商业模式还是技术创新,当扩展到一定数量级的时候,由谁来承担责任就会成为一个难以解决的问题。

(六)性能方面的问题带来的挑战

数据在区块链上确权的问题实际上是由资源本身的特点所决定的。现实中竞争性资源可以放到区块链上进行交换,而知识产权、非竞争性资源目前还并不适合在区块链上进行交换。

(七)监管方面带来的挑战

智能合约本身是一个自动执行的合约,并且一旦开始执行便无法终止;因此,这个时候就需要由第三方角色对智能合约进行审查。当前,智能合约应用范围正在不断广泛化,一旦有不法分子利用逻辑漏洞来破坏智能合约,产生破坏性影响,就会形成种种法律和监管方面的问题,由此,人们对智能合约的创建和审查的需求也逐渐增加。特别是在金融行业，由于金融行业属于高监管行业，区块链技术应用于金融行业，将在全球范围内催生一个监管难题；因此，当前针对区块链技术结构，应当研发出更新的风险管控技术和应对举措，这也是区块链技术的一大挑战。

当然，区块链的发展前景是十分光明的，对于各领域发展的促进作用也是不言而喻的，但是要想借助区块链技术快速推进各领域的持续快速发展，所面临的种种技术挑战依然是当前研究的主要方向以及亟待解决的重点。

第四章 区块链的基础经济思想

一、区块链的变革——可编程的未来新经济

在过去的经济往来和社会活动中，交易对手的信用、商业票据的真伪、慈善款的有效利用率、熟人朋友间的借贷不还等都是我们所担心的问题。

区块链通过脚本语言技术，可以在未来实现可编程的新经济——这是一种基于自动化、数学算法的全新经济模式。只要把交易中的执行过程写入自动化的可编程语言，通过代码强制运行预先植入的指令，交易就会自动、完整地进行执行。这种前所未有的技术创新，极大地降低了交易的监督成本，对于打假、打击腐败等方面都有巨大的应用前景。

区块链的脚本语言实质是众多指令的列表。其具有可编程性，可以灵活改变对留存价值资产进行使用的条件，从而更好地适应人们从事社会和经济活动的需求，这也是可编程经济的优势所在。例如，系统可以约定一笔慈善款项只可以用于购买急救设备，也可以约定一笔遗产继承人的条件，还可以限定资助大学生的款项只允许用于交学费，诸如此类的想法都能在区块链上进行编程并

通过智能合约得到严格执行。

也就是说,人们可以事先约定细致的规则条件,一旦代码中约定的规则条件满足时,合约就会自动强制执行,并且其只要开始执行就不会受到外界不利因素而停止。

在可预见的未来,当各方面条件成熟时央行全面发行数字货币后,可以在区块链智能合约中对货币流通方向设定条件。比如,在发放之前的合约中规定某笔款项必须支持贫困地区,这种预设程序将限定这笔款项只能流向符合贫困地区标准的地方等。由此,通过区块链智能合约我们可以促进经济社会治理等层面的管理功能更好的发挥,从而对于经济体制和社会的运行效率产生重要的促进作用。

区块链的这种可编程特性,还可通过优化交易组织形式来有效地促进经济社会运行效率的提升。

由于技术创新对交易的组织形式的改变,对交易成本的影响,使得实体组织的边界在不断变小,虚拟组织的边界在不断变大,各组织都越来越依赖于互联网的强力支撑,从而逐渐产生、形成独自在区块链上运行的新型自治实体;比如分布式自治组织、分布式自治公司。这种自治组织边界的有目的的变动不仅会改变其内部的连接结构,也会改变外部的连接状态,促使组织向更高级的形式不断演进,从而逐渐影响和改变整个社会各个组织的连接结构和监管方式。

区块链的交易成本节约和信任重构能够推动种种经济上变革,从而既提高了社会管理效率,也完善了社会治理方式,促使社会环境变得更加公正、秩序和安全。

二、区块链的价值链——从信息网络到价值网络

在市场活动中,由于一些"机会主义行为"的存在以及市场交易信息的不对称,常在交易者间出现"欺诈""寻租"的现象。而在互联网上,只要数字信息的可复制性问题以及电子现金的重复支付问题没有得到很好的解决,人们就只能依旧按照传统降低风险的模式进行价值传递和交易;比如,采取点对点近距离的实物价值交换,或者让具有公信力的第三方全程跟踪并验证所有交易的真实性。

区块链的出现有效地解决了困扰人们已久的问题。区块链技术可以在没有第三方背书的情况下,实现开放式平台上进行远距离价值的安全交付。

因为,区块链分布式账本跨越多个节点、区域和机构,保留了所有交易的历史记录,所有授权的参与者都拥有一份完全相同的账本副本;万一账本有任何修改,全部副本数据都将在几分钟甚至几秒钟之内全部出现改变。

另外,区块链分布式账本每一笔记录在特定的时间都具有唯一性,数字信息传输可靠而不可逆,由此有效地防止了重复支付的发生。

这种点对点的价值转移体系,通过使用密钥和签名来管理用户权限,从而保证了存储在账本中信息的安全性和准确性;通过共识机制保证了信息不可被篡改,甚至在被攻击的情况下,也能准确无误地传递信息;同时,根据全网认

可的规则，由授权节点负责对账本进行更新，由此而实现了在不需要各节点互信的情况下，系统可以确保一切数据的记录都具有完整性和安全性，可以脱离第三方机构背书，有效地降低交易的复杂性和风险。

区块链通过数字加密算法对每一笔交易进行实时、透明和准确的呈现，可降低价值转移过程中服务体系的验证费用、协调费用、审计费用。通过分布式账本上交易记录的重复使用并不可篡改，数据库的实时更新、分发并高度可信的特性，可降低用户搜寻信息的交易成本。通过网络分发处理，提高交易效率、减少交易摩擦。通过点对点网络的发展把其依附于中介功能拿走的利润返还给消费者，使许多消费者获益的同时，也迫使企业思考如何以更高效、低成本的方式创造服务价值。通过可编程合约，实现价值传递的智能化，交易主体可根据自己的条件、喜好和需求准确地进行价值传递，还可以让陌生人之间建立自我执行契约，并保证价值传递过程中的合规性、经济性和责任清晰。通过开放性的形成创新性的信息生态系统，创造出新的商业机会，比如Facebook、Twitter和LinkedIn等社交网络平台的出现。通过开源的和分布式的技术，形成以前难以想象的开放式价值交换网络，并进一步构建丰富的价值交换生态系统。

由于在价值传递领域，区块链系统保证了交易过程的经济性、安全性和高效性，使得基于区块链的价值传递具有无限的可扩展性和强大的应用前景，诸多令人振奋的好机会都将相继诞生。

三、区块链的资源配置——分布式多中心化

在传统的互联网价值交换的模式中，存在着一系列的问题。比如：高度中心化的系统运行需要高额的运行费用；这类系统容易受到网络攻击，造成数据记录被修改、隐私信息泄密等后果；同时，还会带来高额的管理费用支出，以及由此所产生的腐败等社会问题。区块链因其分布式账本多中心化等特点而可以很好地解决上述问题。

区块链技术可以减少交易主体对第三方机构的依赖，从而节省了交易成本和监管费用；可以用优化的数据管理方式，实现数据的互操作性以及数据共享，减少重复记账、降低协调成本，推动共享经济发展，增加社会资源的有效供给，促进服务和产品的创新；可以借智能合约的规则形成有效的约束和激励机制，实现资源配置过程的互动和控制，从而大大提高资源配置效率。

随着交易成本、协调成本与监管成本的降低，商业运行效率也将大幅提升。

基于数学算法和共识机制，区块链上各交易主体可以直接进行价值交易，无须依赖第三方组织来确保交易的真实性和安全性，从而极大地简化了业务流程，节省了交易成本。

经由以分布式账本技术实现数据真实、透明和完整，以及通过共识机制保证各方参与者都能认可账本中记录的内容，区块链有效地减少了需要维护多方

接口的数量,减少了人工重复和低效率的协调的消耗,降低了多方进行沟通、对账的成本,使得整个社会的运行成本都能不同程度地得以降低,效率也能不同程度地得以提升。

区块链系统透明的分布式账本技术,一方面可将很大一部分信息真实性验证工作转移给了社会监督,从而减少了监管部门的工作量,提高了监管的便利性,降低了政府的监管成本;另一方面因允许节点共享底层的数据信息,可以使政府监管机构对数据库进行更加全面、实时、个性的跟踪,及时追溯账本信息变动来源,发挥良好的防伪造、防欺诈的作用,从而提高监管效率,降低监管成本。

本质上,区块链是一个用分布式存储的数据库,其分布式记账、分布式传播以及分布式存储的特点能从根本上改变目前管理数据的模式。其直接由数据发行者公布信息,为其他参与者提供了实时、可信的共享数据源。与此同时,区块链可以用一个通用的格式,将大量的、冗杂的数据集合到一套体系中进行网络数据信息的整合。由此,区块链减少了信息的不对称性,以及信息和价值共享的低成本和高效性。

经由对闲散资源的整合利用,区块链技术可以用分享收益的方式,根据参与者所提供的资源数量多少和质量优劣决定报酬的多少,促进人们为了获取更多的报酬而在经济活动中供给更多资源的行为。

区块链系统基于分布式账本对资源配置的过程给予智能化的控制与监督,系统通过设置激励、设定触发条件,检测出上一步任务执行情况并决定下一步是否继续配置资源,由此而实现资源配置过程的自动化控制和执行,帮助参与者在经济活动中尽力降低资源使用成本,减少无效率的经济活动,并有效地使用自己的资源以获取最大化收益。

需要注意的是，尽管区块链节省了交易成本和监管费用，增加了社会资源的有效供给，提高了资源配置效率，但是它本身运营的成本问题也不应忽视；比如，高耗能、区块容量问题。越能不断解决这些问题，并对智能合约、数字签名和其他相关应用算法进行改进，使区块链系统节约的成本与原来组织形式运行的成本距离拉大，区块链系统的推广就越能有效，使用就会越普遍。否则，假如交易的成本太高，就会使许多交易无法发生，使资源的有效合理配置难以实现，由此，经济运行效率的不断提高也将成为镜花水月。

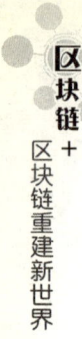

四、区块链的运行——法律技术智能化

法律是市场经济的生命线和压舱石,能够整治经营无序、秩序缺位、信用缺失等严重问题,帮助社会成员安全、便捷、规范、有序地进行交易、增加交易、密切客户、扩展市场、提高市场份额等,是保障我国市场经济和谐有序发展以及提升社会文明程度不可或缺的重要基础。

区块链技术构建于法律框架之上,同时,区块链技术也可以促进法律技术的智能化。

通过预设自动执行的智能合约,区块链可以在约束和调节人们有效行为时引入技术,依靠技术让信息更加透明化、数据更容易被迅速追踪、交易更具有保障性和安全性,从而大幅度降低法律的执行成本,促进法律与经济的深度融合,让法律的约束与执行更快更好地走向智能化。

经由智能合约技术,区块链还可以有效地降低法律约束与执行的成本。

由于智能合约会在条件触发时自动执行任务,因此,能够减少不必要的人工参与,节省了大量签约成本、履约成本。这种经济性在涉及大量、高频、低价值的交易尤其具有意义。

由于区块链的分布式账本记录,可将所有操作都完整、真实地记录在区块中,且数据记录不可篡改,因此,基于这种任何活动都是可以被追踪和查询到的特性,区块链技术可以很好地应用于司法领域,从而方便政府的行政管理,并为执法部门提供重要的证据线索。

在以往的刑事领域尤其是网络犯罪案件中，由于没有证据或者没有及时保留数据，侦查人员往往需要付出巨大的侦查成本，并且还不一定能够追踪到犯罪线索，将犯罪分子绳之以法。在一些民事领域，举证定责难的情况也比较常见。区块链具有的实时记录、忠实保存、难以篡改、便于提取的特点，有力地解决了上述问题，为司法机关节省了很多"定责成本"。

在打击跨国犯罪方面。由于区块链是一个全球范围内的数据账本，因此可以实现迅速提取和使用证据，从而极大地降低了跨国执法的成本，提高了跨国执法的效率。

在商业合同执行方面，基于区块链技术分布式账本的透明、真实、可追溯，可以很好地实现跟踪、执行智能合同，验证业务关系，大幅减少商业合同的执行成本。

当然，如果从表面上来看，区块链技术规则似乎只受算法约束，实际上，任何技术规则都不能没有人类来对其进行制定、维护和更新，换言之，任何技术标准都只有基于现有的社会法律规则体系才能够实现有效运行。

因此，对于不断成熟和广泛应用的区块链技术，政府部门或相关组织，有必要在现行法律规则的基础上，牵头制定相关区块链协议准则，推进技术规范化，实现有效监管。在此过程中，政府部门或相关组织需要不断地将传统的法律规则与现行的技术规则进行结合，以能够既充分运用区块链技术规则充分发挥其可以带来的严格监管税收、限制违法犯罪活动的作用，又能够运用法律规则准确地处理系统性风险和市场失灵等问题，从而一方面可以积极地、充分地发挥法律规则与技术规则的各自优势，另一方面又能够通过两者的协同作用，更好地融合执行力与灵活性，从而更好地发挥公共监管的影响力。

基于区块链的法律约束与执行，仍然需要多方的通力协作。尽管智能合约可以让陌生人之间不必依赖具有公信力的第三方直接达成交易，但是并不能代替律师和其他相关的法律服务机构。因为，律师和相关法律服务机构的相关职能仍然可以从审核单个合同转向为编制高品质的智能合同模板，并且在谈判阶段帮助交易双方确定交易的所有方面，由此，这些律师和相关法律服务机构可以发挥减少一对一谈判的风险、摩擦，弥补合同相关人员在交易信息和合同法律知识方面的不足、降低因合同条文不完备或内容存在歧义而导致的合同纠纷可能性、更好地实现合同的规范性、易用性和可操作性等作用。

任何程序、任何模式都有其适用范围，智能合约也不例外。在解决法律约束与执行的过程中，智能合约也存在着诸多挑战。因为，在现实生活中，交易双方达成协议时通常并不可预知会发生什么，合同的最终的完全准确无误往往未必能实现，然而如果程序依旧会在区块链上得到严格执行并且不能取消、不能停止，就会因这种灵活性不足的问题产生一系列问题；因此，智能合约并不能涵盖所有的社会运行逻辑、商业模式的设计，还需要不断加以完善和成熟。这也促使人们不断去学习、思考和重新定位，通过推进更完善的智能合约设计、更健全的相关制度，来促进各主体行为的规范、法律执行成本的降低、经济和法律的一体化融合，从而更好地实现社会公平、提高社会运行效率。

第二篇
区块链"令牌":比特币、以太坊、超级账本

第一章 比特币

一、比特币的诞生

2008年,一位化名为中本聪(其真名、身份、背景至今仍是谜团)的作者发表了一篇《比特币:一种点对点式的电子现金系统》的论文,描述了一种被他称为"比特币"的概念及其算法。2009年,中本聪将开源的第一版比特币客户端发布在网上,通过比特币客户端发行了首批50枚比特币,自此,比特币才真正意义上诞生了。

按照"游戏"规则,程序每10分钟会产生50BTC(比特币计量单位,10BTC表示1枚比特币),用来奖励第一个生产出block链中新block(比特币交易中不可缺少的数据模块)的"矿工"。换言之,每10分钟就增加50BTC。

但是,比特币的产生数量会随着时间推移而减少,大约为每四年减半,即第一个四年为每10分钟增加50BTC,第二个四年为每10分钟增加25BTC,以此类推,最终到2140年为0,比特币的数量固定在2100万枚。交易费机制保障了产出为零后,依然会有人计算block以获得交易费,以此来保证比特币世

界不会因没有新 block 的产生而崩溃。

比特币从诞生开始,就广受关注,至今热度不减,那么,比特币到底是什么呢?

比特币由计算机生成的一串串复杂代码组成,是一种网络虚拟货币,跟腾讯公司的 Q 币类似,任何人都可以下载并运行比特币软件而参与制造比特币。其价值传递以电子签名的方式来实现,以 P2P 网络来核查重复消费。比特币可以购买一些特定的虚拟的物品,比如有的网络游戏中的商品。

和法定货币相比,由网络节点的计算生成比特币没有一个集中的发行方,更没有国家信用担保,谁都有可能参与制造比特币,人们只需要打开电脑,运行比特币软件,就可以参与比特币的制造,这种方式被称为"挖矿"。

比特币不具备传统货币的一般等价物的特性,不具有流通手段、支付手段、结算手段、储备手段和世界货币的特性,只是一个新的金融产品和交易方式;因此,本质上讲,比特币不是真正的货币。

2010 年 5 月,美国佛罗里达州程序员 Laszlo Hanyecz 用 1 万比特币购买了 25 美元的比萨券,于是出现了第一个小范围的公允汇率,1 个比特币相当于等值 0.008 美元。同年 7 月,首个比特币交易所 MT.Gox 创立。

2011 年 6 月,比特币中国网络平台成立,这是中国第一家比特币交易平台。此后,我国的比特币交易平台如雨后春笋般迅速发展。比特币不仅成为了新闻媒体的报道热点,也被越来越多的公众关注。截至 2013 年 5 月,从事比特币"挖矿"的中国"矿工"已达 8.5 万人,人数跃居世界前列。对于许多人来说,比特币的魅力在于可能可以让人一夜暴富;实际上,投资比特币的风险相当大。

比如,在香港注册的比特币交易平台 GBL 负责人携款跑路案,涉嫌虚构网络比特币交易平台，从中诈骗钱财，导致1000多名投资者损失超过2500万元人民币。

又如，价格暴涨暴跌引发的投机风险。自2009年1月诞生以来，比特币价格上涨了数百万倍，由于比特币市场容量较小，交易24小时连续开放，没有涨跌幅限制，价格容易被投机分子控制，产生剧烈波动，风险极大，普通投资者盲目跟风容易遭受重大损失。

2013年，一家澳大利亚比特币银行被黑客入侵，100万美元被盗。

2014年，位于东京的全球最大的比特币交易平台Mt.Gox因巨额比特币不翼而飞而破产。

2017年，勒索病毒在全球肆虐，黑客就要求受害者用比特币支付赎金。

由于比特币的隐匿性，政府无法通过资金流向去追踪违法犯罪活动，使比特币在很多灰色领域、血色领域大行其道，已经被大量用于逃税、洗钱、走私、贩毒、人口贩卖、人体器官贩卖等非法领域，一些势力甚至还使用比特币来资助恐怖组织。

正因如此，我国相关部门对于比特币等"虚拟货币"采取了积极的监管措施。2013年12月，中国人民银行等五部委联合印发了《关于防范比特币风险的通知》。《通知》指出，比特币为"特定的虚拟商品"，并不是真正意义的货币，"不能且不应作为货币在市场上流通使用"。《通知》承认比特币的商品地位，在充分提示风险的前提下，允许公众在自担风险的前提下自由参与。强调现阶段，各金融机构和支付机构不得以比特币定价，不得买卖比特币，不得直接或间接为客户提供与比特币相关的服务等。《通知》还要求，要依法对交易平台进行备案，防范洗钱风险，同时加强对比特币交易平台的监管。

与中国类似,泰国、印度、荷兰与以色列等国也都否认了比特币的合法性,官方也都发出声明提醒投资者深化对比特币这一互联网金融产物高风险性的认识。俄罗斯总统普京公开声明:类似比特币这样的加密货币构成严重风险,允许人们洗钱、偷税漏税,甚至资助恐怖主义活动,制造那些势必会影响到普通公民的欺诈骗局。

而德国和加拿大则相继承认了比特币为合法货币,加拿大还在本国设置了比特币ATM机,方便比特币的交易。澳大利亚则将比特币归类为财产,计划尽快对其征税,以能够对比特币有效地加强监管,防止不法分子通过比特币进行洗钱和恐怖主义融资活动。而美国由于近期利用比特币或ICO的庞氏骗局案频发,更关键的是发现比特币在不自觉中已成为去美元化和向美元亮剑的工具,因此美国对比特币的态度也由此前的暧昧反转到打击。

总体而言,全球大多数国家都对比特币持谨慎态度。一些国家相继出台政策法规,对比特币交易加以管制。

越来越多的人意识到,比特币作为受国际投资者青睐的投资项目,已经具备了相当的金融属性。只有把比特币关进法律制度监管的笼子里,才能保障投资者的合法权益,维护金融市场的稳定。

二、以比特币为典型代表的虚拟货币本质上不是货币

在电子货币蓬勃发展的同时,虚拟货币市场也是方兴未艾。据统计,截至2014年底,我国网民数量达到6.32亿,其中网络游戏市场的注册用户为5.17亿,营业销售收入达1144.8亿元,较上年实际增长37.7%。

基于互联网,一个巨大的虚拟空间已经形成,虚拟货币作为一种具有一定的特殊价值、网上交易行为方便、交易成本降低、有服务商发行等特点的新事物应运而生。

(一)虚拟货币的类型

当前,国内互联网上流行的虚拟货币多达数十种,它们大致可以分为三类。

1. 门户虚拟货币

由门户网站或者即时通信服务商发行,主要为方便网民支付购买其网站产品和服务而发行的虚拟货币。比如,腾讯的Q币、百度的百度币、盛大的点券、新浪的u币等。

2. 游戏虚拟货币

由网络游戏运营商发行的虚拟货币,只存在于虚拟的游戏世界里,游戏币

本身只是游戏程序的一项数据,仅限于游戏中交易。游戏币的获得,一般是在游戏过程中通过打怪、执行任务、交易材料等方式获取,或用现金充值换取。

3.运算编码程序虚拟货币

典型代表:比特币。比特币应属于世界上涨幅最大的虚拟货币,短短4年间价格狂飙百万倍,最高时价格曾创下1∶1242美元的纪录,按此价格折算,只要拥有400枚比特币,就能在北京、上海和深圳等中国一线城市购买一套三居室的房子。

2014年,尽管比特币领域的重大风险投资还在继续,世界最大的比特币交易平台"门头沟"破产倒闭,严重挫伤了比特币价格的上涨势头,但是微软、戴尔这些世界级的大品牌公司却开始接受比特币支付。而比特币则从年初的1∶951.4美元一路跌至309.9美元,下降了67%;进入2015年后,比特币价格更是持续走低,成了世界上表现最差、价格最不稳定的"货币"。

(二)虚拟货币到底是不是货币呢

1.从职能上分析

虚拟货币在互联网虚拟空间是一种交易媒介,具有价值尺度的职能,但虚拟货币的价值尺度与法定货币的价值尺度不同。

一方面,虚拟货币不管是通过现实的金钱购买得来,还是通过自己的游戏劳动获得,都在虚拟货币上形成了特定的价值;但这种特定价值的电磁记录的发行是基于网络服务商推销自己商品和服务以及扩大自己销售市场的需要而产生的，同时也是为了方便用户购买自己的虚拟商品和服务，所以这种具有特定价值的虚拟货币其产生本来就具有特定的目的和使用范围。事实上，在虚拟货币产生以后，其使用范围也是被网络服务商规定为购买自己所发行的虚拟商品和服务。

另一方面，虚拟货币的币值取决于发行者对虚拟货币的定价，同时，虚拟货币的发行者在给自己发行的虚拟货币定价时，先要以人民币为依据，换算虚拟货币价格。

2. 在流通手段上

虚拟货币的流通手段是建立在法定货币流通手段基础之上的，是法定货币流通手段的延伸。当虚拟货币完成一次媒介作用之后，便退出了流通渠道，流通职能自然会消失。

3. 在贮藏手段上

货币贮藏的功能来源于货币本身的稀缺性和价值稳定性，但虚拟货币并不稀缺，因此，虚拟货币并不能保值、增值，不论多大面值的虚拟币，一旦发行它的互联网运营商破产，它也会化为乌有，而且，虚拟货币的发行是互联网运营商的个人行为，具有很大的随意性，用户需要多少就发行多少，"上不封顶"，因此，虚拟货币的币值不能稳定。

4. 在支付手段上

用户持有虚拟货币时，是以向互联网运营商支付法定货币为前提条件才能进行，再者，法定货币的支付范围是所有领域的所有商品和服务，而虚拟货币的交易范围则仅限于互联网运营商提供的特定范围内的虚拟商品或服务。

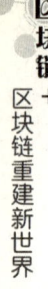

5. 在世界货币方面

货币的本质是信用,只有具有了信用,尤其是国家信用,货币才能被普遍接受。虽然虚拟货币被冠以"货币"之名,但不可能像人民币或电子货币那样得到整个社会的普遍接受,互联网运营商也没有足够的公信力让全社会认同或接受其发行的虚拟货币。

对于虚拟货币的发行者来说,其发行虚拟货币的目的,也并不是为了创造通行货币,而是为了让用户更方便地购买自己网站的产品和服务;至于用户是否愿意持有,则主要以他是否需要该网站的虚拟产品和服务而定。

另外,对互联网运营商而言,其并没有发行多少虚拟货币的决定权——真正的决定权取决于市场需求。只要用户有需要,互联网运营商就会大量满足供应,甚至采取一些诸如"免费赠送""试用""点击页面竞猜答题"等手段"增发"虚拟货币的措施,以期通过用户数量的增加,吸引更多消费者购买他们发行的虚拟货币,进而以增加网站客户流量的办法提高门户网站的广告收入。

6. 在网络服务商和相关政府部门的文件中

虚拟货币都被规定为非货币性质的一种电磁记录,只能用来购买网络服务商所提供的商品和服务,而不能用来买卖实物,更不能与人民币进行营利性的双向汇兑,同时,还禁止倒卖虚拟货币。但事实上,不同种类的虚拟货币之间不但实现了一定程度的双向汇兑,也在私底下形成了与人民币的双向汇兑,而且还具有一套相对稳定的汇率机制。此外,虚拟货币的使用范围也超出了网络服务商的门户网站范围而广泛地用于其他网站,并且还形成一个专门倒卖虚拟货币的职业群体。但是,这些都是违背网络服务商和我国相关主管部门的有关规定的，是非法和不正当的。

有一点不容忽视的是，这种虚拟货币之所以被网络服务商和用户接受，其根本性就在于这种虚拟货币和现实社会中的法定货币相挂钩，是以法定货币为衡量标准和依靠，离开了与人民币的这种联系，虚拟货币其实在虚拟网络空间中就只是一种电磁记录；因此，本质上，虚拟货币以及其他一切特定价值的产品，都相当于一种消费凭证，同饭票、购物券、代金券一样，主要是作为一种替代品方便客户购买厂商的商品，并且最终也回到厂商的手里。因而，虚拟货币在法律性质上应该是一种消费凭证。

由于虚拟货币在形式上表现为一组组的电磁记录和一连串的数字，而这些电子信息也通常通过一定的账号和密码以及网络控制系统来实现其存储、支付和转移，一旦账号、密码被破译或者网络控制系统遭受侵入等情况，就造成了这些信息的永久丢失，同时也随之丧失其所代表的权利和财产；因此，虚拟货币更具体地来说应该是一种无记名的有价凭证，而绝对不是真正的货币。

（三）虚拟货币存在的问题

1. 虚拟货币在使用中的安全问题

虚拟货币以电子化形式存在，流通交易是数据的传输与存储过程。科技的进步使虚拟货币在快速发展的同时，也暴露在黑客、病毒和系统漏洞等方面的技术安全风险之下。这些风险同时威胁着虚拟货币的持有者、发行方及接受虚拟货币的第三方商家。

2. 虚拟货币带来的社会危害

虚拟货币的匿名性、虚拟性可以使人们通过互联网匿名完成支付，从而方便了非法分子利用这一工具进行赌博、洗钱等非法活动。比如，网络游戏中的博彩方式，一是用虚拟货币或虚拟财产进行赌博；二是用所购游戏卡中包含的财富值或点数进行抽奖，这两种形式的奖品均为游戏中的虚拟货币或虚拟财产；三是用免费获得的分数值作为彩头赌输赢或进行抽奖，奖品为现金或者实物。更有甚者，一些游戏平台打着网游的幌子，在博弈游戏中利用虚拟货币变相进行网络赌博；洗钱与支持非法经济活动是利用虚拟货币进行的另外一些犯罪行为，大多也都是在网上进行的。

由此，为保障市场交易秩序和金融稳定，我国有关部门应采取有效措施，切实强化对各类虚拟货币的监测监管，坚决守住不发生系统性风险的底线。

三、比特币的运行原理和设计

（一）比特币的两个重要概念

1. 账户／地址

比特币采用了非对称的加密算法，用户自己保留私钥，对自己发出的交易进行签名确认，并公开公钥。

比特币的账户地址其实就是用户公钥经过一系列Hash（HASH160，或先进行SHA256，然后进行RIPEMD160）及编码运算后生成的160位（20字节）的字符串。

2. 交易

交易是完成比特币功能的核心概念，一条交易可能包括如下信息：

（1）付款人地址：合法的地址，公钥经过SHA256和RIPEMD160两次Hash，得到160位Hash串；

（2）付款人对交易的签字确认：确保交易内容不被篡改；付款人资金的来源交易ID：哪个交易的输出作为本次交易的输入；交易的金额：多少钱，与输入的差额为交易的服务费；

收款人地址：合法的地址；

收款人的公钥：收款人的公钥；

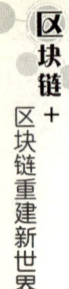

时间戳：交易何时能生效；

网络中节点收到交易信息后，将进行如下检查：

交易是否已经处理过；

交易是否合法，包括地址是否合法、发起交易者是否是输入地址的合法拥有者、是否是UTXO（未使用的交易输出）；交易的输入之和是否大于输出之和。

如果检查都通过，则将交易标记为合法的未确认交易，并在网络内进行广播。

用户可以从相关网站查看实时的交易信息。

（二）比特币的运行原理

1. 地址生成

只要在电脑或手机上下载安装一个比特币钱包，第一个比特币地址就会生成，这样的地址，在需要的任何时候都可以生成更多个。这个地址是参与者之间在进行交易时支付比特币的地址。地址的运作方式类似于电子邮件，只是有一点明显不同，即比特币地址正常情况下只能被使用一次。

2. 计算余额

比特币块链是全比特币网络所依赖的公共共享总账。比特币块链记载着所有确认的交易，其完整性以及时间顺序由密码学来确保。通过比特币块链，比特币钱包可计算出可用余额，并完成新的交易中比特币的确权。

3. 交易

交易是指包含在块链里的比特币钱包之间的价值转移。比特币钱包保存着一份称作私钥或种子的保密数据，这些数据可以证明这些交易来自钱包的拥有者，由此，以这些数据作为交易签名，来确保交易发生后不会被任何人修改。所有的交易，都会在用户之间进行广播，然后，再通过一个称作挖矿的处理过程被比特币网络所确认。

4. 挖矿

挖矿是将一个待确认的交易数据纳入到比特币块链中，进而完成对这些交易进行确认的分布式共识。首先，交易要获得确认，必须要被纳入一个符合非常严格的密码学规则的块中，并通过比特币网络对其进行验证。然后经由挖矿，比特币系统可以强制性保证块链中的数据按时间顺序存储，并允许比特币网络上不同的计算机对系统状态达成一致。这样可以防止对已生成块的篡改。一旦有篡改，之后所有的块都将失效。

（三）比特币的设计

比特币在设计上提出了一些创新点，下面分别介绍负反馈调节和共识机制。

1. 负反馈调节

通俗地说，负反馈调节就是根据偏差，不断进行调节来纠正偏差，从而达到目标。

在设计上，比特币网络很好地体现了负反馈调节的基本原理。

当比特币网络中矿工越多，比特币系统就越稳定，比特币价值也就越高，但挖到矿的概率会降低；反之，当网络中矿工减少，会让系统更容易受到攻击，

比特币的价值就会降低,但是挖到矿的概率又会提高。所以,理论上,比特币的价格应该稳定在一个合适的值,与此同时,比特币网络的稳定性也会稳定在相应的值。

怎样判断这个值是合适的呢?用价格乘以挖到矿的概率,恰好达到矿工的收益预期,则可以认为处于了一个合适的值。

2. 共识机制

比特币网络是完全开放的,可能面对各种攻击情况,并随着比特币的发展,而可能产生更加复杂的问题,所以,比特币网络不得不对共识的目标和过程都做出一系列限制措施,提出基于 PoW 的共识机制。

首先,共识机制不是面向最终确认的共识,而是基于概率、随时间逐步增强确认的共识。在理论上,现有达成的结果也可能被推翻,但是攻击者要付出的代价和难度会随时间而呈指数级上升,被推翻的可能性随之呈指数级下降。

其次,考虑到互联网上达成共识的时间一般相对比较长,因此按照区块(一组交易)来进行阶段性的确认(快照),从而提高网络整体的可用性和效率。

最后,限制网络中共识的噪声。通过进行大量的 Hash 计算和少数的合法结果来限制合法提案的数量,从而进一步实现网络中共识的稳定性。

四、比特币的问题

（一）信息安全事件频出

比特币价格的暴涨、投资者参与的盲目性以及比特币特有的网络虚拟性，使比特币成为诈骗犯罪、黑客攻击的理想对象。其安全防范更多地体现在技术层面，而通常受攻击的要么是交易平台本身，要么是网络电子钱包。

2014年上半年，针对比特币挖矿产生的木马变种已近万个。更令人忧虑的是，截止到2014年5月，比特币的交易平台也都遭受到了毁灭性的打击。2014年2月初，因平台本身存在的交易单号可被伪造的缺陷，位于东京曾是全球最大的比特币交易平台MT.GOX被爆破产，包括中国比特币交易网站BTCChina在内的世界多家比特币交易网站，专门就"MT.GOX破产"发表了联合声明。MT.GOX的资产经官方确认后为3800万美元，资不抵债。

2014年3月4日，继MT.GOX Co.Ltd宣告破产之后，Flexcoin的比特币银行也突然宣布关闭，原因和MT.GOX如出一辙。

诸多黑客攻击导致的轻则损失巨大、重则申请破产的事件都引发了人们对比特币安全的担忧，类似案件的一再爆发也加大了比特币币值的波动性。

事实上，由于比特币实质是一段程序代码，它的虚拟性让交易变得有机可乘，容易引发技术性的互联网金融诈骗，而运行平台本身的漏洞也无

法有效保护投资者的账户信息与有效资本,一旦遭遇黑客攻击,基本无法挽回损失。

(二)投机问题

如今,国内外的比特币交易者,对比特币的看法,大多认为是一种期权交易产品,期望通过投资比特币达到升值套现的目的;因此,比特币在很大程度上发展成为了一种金融理财商品,人们持有比特币就像持有看涨期权或者获得股票一般。这种投机性的行为,增加了比特币的不可控性。同时,大多数的比特币用户都是通过现金交易的方式来获得比特币的,存在着巨大的套现风险。

比如,2013年10月26日凌晨,我国香港的一家比特币交易平台GBL网站通过关闭交易中心,卷走了大约3000万元。这个在2013年6月8日自称香港特区政府批准经营虚拟货币兑换业务的比特币交易平台同时开设了杠杆交易系统和多空操作系统,给出了10倍杠杆的高风险、高收益诱惑,让不少投资人深陷泥沼,资金数额不断增加,最终GBL一举卷款逃跑,使得比特币投资者通过现金获得的比特币成了毫无意义的电脑代码,失去了价值。

(三)信用问题

比特币在发行之初,就秉持了去中心化的概念,由此,从根本上就不具备政府的信用支持,既不像贵金属具有实际价值,也没有实体经济作为支撑,因此,比特币属于一种没有信用体系的载体。同时,目前还没有任何机构可以为保存虚拟货币提供存储空间，为比特币提供安全担保，一旦比特币的存储系统发生系统故障，比特币持有人将面临巨大损失。

主要在互联网金融领域一定范围进行流通的比特币，其价值体现主要依靠投资者在信息不对称情况下（连比特币发行者中本聪的真名、身份、背景都一无所知）的主观信心。一旦比特币遭遇信用危机，无法兑换商品或者实际货币，投资者对其风险厌恶程度增加，比特币就会遭受种种信用危机——市场敏感度较高的投资者就会抛售手中的比特币来减少潜在损失，这些一系列行为将会导致比特币交易市场出现"多米诺骨牌效应"，最终引发比特币货币体系的全面瓦解。

（四）"庞氏骗局"特征问题

有关比特币的争议，还集中在其本身是否构成"庞氏骗局"。

欧洲央行的研究报告指出，用户购买比特币，要想变现就必须卖出比特币，就要有新的比特币需求出现，这看上去类似"庞式骗局"。比特币本身复杂的运算体系、前期的高投资回报率、投资手段的不可复制性、风险与回报的反向运行等特征都无一例外地与当年的"庞氏骗局"相吻合。中本聪通过一个运算体系使得虚拟商品被赋予实际价位，并且通过其前期的高收益性来吸引后期大批的投资者，以此来提高比特币的流通性。通过比特币的传递过程来产生财富，入手者必定会想尽一切办法将比特币交换给下个买家，环环相扣。一旦最后的接力者拿到比特币，那么他通过高额成本所取得的就只是一堆泡沫资产，没有任何实际价值。

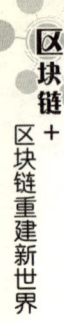

（五）币值不稳、大起大落的问题

比特币发行量少、集中度较高，交易市场缺乏足够的流动性，较小的交易量就能够引起很大的价格波动，币值非常不稳定。包括投机心态、信息安全和政策布局等多方面的因素都可能影响比特币币值稳定。

（六）容易造成通缩风险

比特币发行的"去中心化"，使得货币的供给与市场需求和经济发展无关。虽然比特币在理论上说是消除了通胀，但实际上其总量的相对匮乏使其比金本位币更容易带来通缩，投机者炒作比特币就是通缩风险的外在表象。

（七）热钱流动的风险

从短期来看，引发热钱流动是目前比特币最大的潜在风险。可以通过比特币轻易地进入货币管制的国家，再通过二级市场完成该国法定货币的兑换进行套利投机，也可以直接运用比特币投资住房等商品。比特币最早接触国人，就是利用它绕开中国严格的资本管制，达到在国内外流转资金的目的。一旦比特币规模的增长满足短期跨境资本流动的需要，热钱流动风险就将导致国家资本管制效率的下降。

（八）竞争威胁，呈"泛比特币"现象

一方面，比特币并非网络虚拟货币的终结者，也就是说比特币并非唯一的虚拟货币。目前网络创新日新月异，既然可以发明一种算法创造比特币，就可

以发明新的办法创造网络货币。继比特币之后，又有Litecoin、Namecoin、PPcoin等多种类似比特币的"泛比特币"相继出现。比特币的模式可复制，一旦更新的虚拟货币得到市场认可，比特币系统就会遭受巨大打击。

  另一方面，比特币的出现带动了中国人在这一领域的投资热潮，同时国内虚拟货币市场乱象丛生。山寨比特币——"认购币"就是一种类型，这类"认购币"实质就是某一个平台或者某一个组织、公司发行的类似于股票认购的一种货币。这类货币鼓吹认购门槛低，升值潜力大，但其中人为的控制使得此类虚拟货币成为非法诈骗的工具。

第二章 以太坊

一、什么是以太坊

以太坊是一个全新的开放的区块链平台，是由来自世界各地的开发者共同创建的开源项目，通过P2P网络、加密、HttpClient等技术的支持来实现区块链，任何人都可以在平台中创建和运用通过区块链技术运行的去中心化应用，这些应用包括但不限于加密货币。

以太坊创新的将信任逻辑嵌入到小程序里面，运行在区块链上，使得这款去中心化应用具有了多种意义。在开发者角度，写新应用时，将极大地节约成本和更加高效。在非技术人员角度，通过分拆中心化的功能，将它分散到去中心化结构，可以创建一些新机会。以太坊有一套创建应用的完整工具，能够为任何想借助区块链开发去中心化应用、编码任意复杂商业逻辑、发布自治代理、管理关系的人提供支持。以太坊交易账本可以用于安全地执行多种服务，包括投票系统、域名注册、金融交易所、众筹平台、公司管理、自我执行的合约和协议、知识产权、智能财产和分布式自治组织。作为一种特殊的云计算，以太坊不仅节省成本、效率更高，也安全、可靠。

同为去中心化的平台，以太坊与比特币有着较大区别。

第一，以太坊的协议更加灵活。它允许用户创建自己的操作，而不是给用户预先设置好的操作（例如比特币发送交易）。

第二，共识机制上，以太坊也比比特币更高一筹。目前，以太坊正积极地将共识机制从工作量证明进化到权益证明，这种共识机制更省能源、更高效、更可行，运行成本更低，对其攻击的成本更加高。以太坊的密码学虚拟货币（以太币）与比特币不同。比特币以商品或服务的支付，以及"数字黄金"为主要目的，以太币则类似于一种云计算费用，在云中运行应用，需要根据运行时间、占用存储空间、数据转移和计算速度等向云计算公司支付相应的费用。以太坊则需要为运行在以太坊区块链上的商业逻辑付费。

第三，以太坊不像比特币那样，需要专门的挖矿设备，以太坊的挖矿只需要常规计算机就可以完成，因此不需要依赖昂贵的挖矿，也不需要依靠积累挖矿算力来运行，普通用户也能参与。

第四，以太坊区块链的经济效率比比特币高。以太坊完全可编程，而不像比特币那样只关注于实现金融交易。较之比特币，以太坊区块大小没有上限，可以进行动态调整，具有更大可扩展性，这就有益于降低整体的交易成本，让用户可以低成本使用。

区块链的优良特性，诸如，可编程性、可扩展性、可升级性、交易可管理性、可见性、可购性、安全性、速度／性能、高可靠性、可延展性等，在以太坊区块链上都体现得比较突出。

第五，比特币的设计只适合虚拟货币场景，存在着非图灵完备性、缺少保存状态的账户概念，并且有 PoW 挖矿机制所带来的资源浪费与低效率等问题，在很多区块链应用场景下并不适用。而以太坊通过对脚本、竞争币和链上元协议等概念进行整合和提高，使得开发者能够创建任意的基于共识的、可扩展的、标准化的、图灵完备（即一切可计算的问题都能计算）的、易于开发和协同的应用，对于人们需要一个新的基于区块链的具有图灵完备性、高效共识机制、支持更多应用场景的智能合约开发平台的需求而言，以太坊可谓应需而创。

由于以太坊与比特币这些不同的特性，各国对以太坊的态度也普遍比对比特币积极得多。

2016 年，总部位于纽约的区块链创业公司 R3CEV 使用以太坊和微软 Azure 的区块链即服务（BaaS）发布首个分布式账本实验，对 11 家成员银行通过分布式账本上的代币资产进行模拟交易，以证明分布式账本在金融市场的适用性。

联合国也积极利用以太坊区块链进行难民援助。2017 年，联合国世界粮食计划署宣布通过以太坊区块链平台对在约旦的 1 万名叙利亚难民提供食物分发。之所以利用以太坊区块链平台，是因为他们认为利用区块链技术有益于降低支付成本、更有效地保护受益人信息、控制金融风险，而且能够在紧急情况下更快地做出回应，还有利于改善传统的难民援助方式所存在的漏洞，确保食物都能够到达难民手中。

以太坊的创立为区块链技术的大规模应用提供了条件，给区块链带来巨大科技创新。从长远来看，以太坊在全球范围内广泛地激发了商业和社会的创新力，为去中心化的应用打开了大门，它所带来的改变将影响全球经济和控制结构。

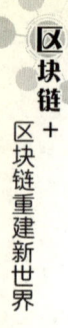

二、以太坊的核心和生态系统

以太坊的核心是以太坊虚拟机（EVM），它可以执行相当复杂的代码。按照计算机科学术语，以太坊的功能"图灵完备"，由此，开发者可以使用很友好的编程语言在EVM上创建运行应用。

与大多数软件平台一样，以太坊核心的外层是一个由参与者、技术交互扩展、应用和辅助服务组合而成的丰富生态系统，这些内容增强了以太坊核心。

从功能角度来划分，以太坊生态系统可以划分为三方面：

（一）核心协议技术：点对点共识、虚拟机、合约、密钥、区块链、软件语言和开发环境、虚拟以太币、技术整合和中间件服务。

（二）应用：客户端软件、挖矿、监控服务、去中心化应用和其他第三方应用。

（三）辅助服务：主要通过维基、论坛、以太坊学院、网站、赏金激励、未来的开发者会议实现的教育、研究、学习和支持。

在应用方面，已经有数百个第三方项目、产品、技术扩展的成熟商业完全或部分地基于以太坊进行了创建。这些应用行业包括：预测市场、去中心化交易所、众筹、物联网、投票和管理、赌博、信誉系统、社交网络、聊天消息系统、保险、医疗保健、艺术、交通工具共享、分布式自治组织、交易（金融工具或者商品）、会计、社区、电子商务、物理安全、文件存储、所有权登记、内容、小微交易、社区管理、云计算、汇款、智能合约管理、智能资产、钱包、食品、制造业、数据存储、供应链等。

从最初的寥寥数人到现在数以千计的人数参与，以太坊已经迅速发展为一个全球性的活动。目前，以太坊在 33 个国家中，存在逾百家的线下聚会，以及数以百计的志愿者和逾四十人的世界级核心开发团队。在我国也有以太坊社区，名为"以太坊爱好者"。

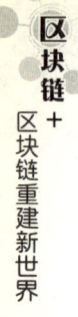

三、以太坊的运行原理

以太坊虚拟机（EVM）是以太坊中的重要运行环境。EVM 由众多互相连接的计算机组成，任何人都可以在 EVM 上传程序，可以为所有权、交易格式和状态转换函数创建商业逻辑，EVM 上的程序会严格地按照 EVM 定义的方式自动执行，并且能保证所有程序的历史状态公开透明。

当用户安装以太坊客户端后，这个以太坊客户端就自带了 EVM，用户通过交易触发智能合约后，智能合约的代码就会在 EVM 中自动执行。相当于把程序部署到了全球众多安装了以太坊客户端并接入了以太坊网络的电脑上，随时都可以通过交易来触发这些智能合约的执行，由此而完成了分布式程序的部署和调用。

以太坊的基础单元是账户，以太坊区块链会追踪每个账户的历史状态。在以太坊上，所有区块链上的状态转换都是账户之间价值和信息的转移。

以太坊的账户体系由全球许多账户组成，并形成了全球"共享状态"。每个账户都有一个紧密相关的状态和一个 20 字节的地址，这个地址是一个 160 位比特的标识符，用于识别账户。各账户之间能够通过一个消息传递框架相互通信。

以太坊的账户类型分为两种：

（一）外部账户，由私人密钥控制，没有与之相关的代码。

（二）合约账户，由其合约代码控制，具有与其相关的代码，只能由外部账户"激活"。

两者主要区别在于外部账户由用户管控——因为他们能够控制私钥，进而控制外部账户。而合约账户则是由内部编码管控。有一种情况例外，即程序设定合约账户被具有特定地址的外部账户控制，由此，进而被持有私钥控制外部账户的用户控制着。

以太坊的智能合约是指在合约账户中编码——交易发送给该账户时所运行的程序，用户可以通过在区块链中部署编码来创建新的合约。

只有当外部账户发出指令时，合约账户才会执行相应的操作，合约账户不会自动执行诸如任意数码生成或应用程序界面调用等操作。因为以太坊要求节点与运算结果保持一致，这就要求保证严格按照指令执行。

以太坊用户必须向以太坊网络支付少量以太币形式的交易费用，且在激活"程序"的每一步付款，包括运算和记忆储存。这可以使以太坊区块链免受不必要或恶意的运算任务干扰，比如分布式拒绝服务（DDoS）攻击或无限循环。

交易费用由在以太坊网络中收集、传播、确认和执行交易的节点收集。矿工们将交易分组，分成的组被称为"区块"。矿工们通过解决复杂数学问题的任务可以成功地"挖"到区块，这个过程又称为"工作量证明"。每挖到一个成功区块的矿工都会得到以太币作为奖励。这种经济激励，促使人们为以太坊网络贡献硬件和电力。

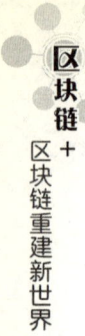

四、以太坊的模型

你可以将以太坊想象成一个计算机科学中基于交易的状态机,即一个在读取一系列输入后,根据输入转换成一个新状态出来的机器。

这台状态机的创世纪网络状态,类似于还没有产生任何交易的"白纸"状态。一旦交易被执行后,这个创世纪状态就会转变成最终状态,就像白纸画了图画般,而这种最终状态也代表着以太坊当前的状态。

在以太坊上产生的诸多交易,都会被"组团"到一个区块中。一个区块包含了一系列的交易,每个区块都用技术与它的前一个区块进行链接。

为了让一个状态能够前进、转换成下一个状态,交易必须被验证为具备有效性。这个验证有效性的过程就是挖矿,即一组节点一起用计算资源对一个包含有效交易的区块进行创建。

世界各地的任何参与的节点,都可以对区块进行创建和验证。每个矿工在提交一个区块到以太坊区块链上时都会提供一个数学机制的"证明",这个"证明"就像一个身份证般用来保证区块是有效的。

为了把一个区块添加到主链上,一个矿工必须要比其他矿工更迅速地提供出这个"证明"。通过矿工提供"证明"来验证区块的过程称之为工作量证明。

当一位矿工的新区块获得证实后,就会受到一定价值的以太币奖励。

在以太坊上,如果不采取措施,会出现一部分矿工创建一个他们自己的链导致多条链（多个状态）的产生，让人们难以分辨、无所适从，而在互联网上，人们也难以就哪个状态是正确的状态达成一致意见。因此，为了避免这种破坏系统的事情以及确定一条最有效的路径，以太坊使用了"GHOST协议"数学机制。

这个GHOST协议，让以太坊上的节点必须选择一个完成计算最多的路径。确定路径的一种重要方法就是通过使用最新区块的区块号进行选择，区块号代表着当前路径上总的区块数（不包含创世区块）。区块号越大，块数越多，路径越长，挖矿的难度越大，最终就一定会到达最新区块。通过这种方式，可以让所有节点对当前区块链状态的唯一版本达成一致。

第三章 超级账本

一、超级账本简述

超级账本项目由开源世界的旗舰组织 Linux 基金会发起成立，Linux 基金会表示，这是一个致力于企业级区块链开发及应用的开源项目。该项目的目标是通过项目成员和开源社区的合力，制定出一个跨行业的开放式标准以及开源代码开发库，推动区块链和分布式账本相关协议、规范和标准的发展，打造一个跨行业的区块链解决方案；以此来改变在此之前全球大多数区块链项目都要从底层开始摸索，没有执行标准、缺乏行业间通力协作的情况。

超级账本项目于 2015 年 12 月建立，原名为"开放式账本项目"，成立之初吸引了一些国际知名集团加入，其中包括 IBM、英特尔、思科、伦敦证券交易集团、摩根大通、富国银行、道富银行等。项目的创始成员还包括区块链初创企业"数字资产控股公司 DAH"（由 CDS 女皇 Blythe Masters 创办）。经过讨论后决定将"开放式账本项目"更名为"超级账本"。"超级账本"一名来源于 DAH 在 2014 年收购的 Hyper 公司。而 Hyper 公司是 2014 年初在香港成立，在技术上是 Ripple 的追随者。

Hyperledger 超级账本的团队认为,支付系统在高度集权和完全的去中心化之间应该有个平衡,权力既不是集中在某一个机构,也不是完全的分布式,而是合理地分割成若干部分。Hyperledger 的目的是,让私人实体能够便捷地发行货币,并且对于发行量有精确的控制。

超级账本通过拜占庭容错算法机制达成共识,交易确认过程可在很短的时间内完成。

超级账本的共识池可分为四部分:testpool、mainpool、custompool 与 premiumpool。testpool 是个对所有人免费开放的池子,在里面可以发布个人的分类账或者测试第三方应用程序,甚至可以尝试攻击支付系统;mainpool 是基础池,池中的每个节点必须有一个独特的域名和 SSL 证明;custompool 允许用户自定义池子,可以把池子限定于一个地方,如一所学校、一个国家;premiumpool 是一个商业化池,运营一个"共识"节点,有极为严格的限制和要求。加入需要缴纳会员订阅费,每次分类账的请求也都要被审计。

Hyper 公司被 DAH 收购后,在技术上仍然沿着原先的路线进行研发。直到 2015 年 11 月,DAH 公开在博客上宣布结束原先的项目版本,开启一个新的开源项目,主要的变化在于开发语言将会由 Erlang 和 Elixir 变更为 Java 和 Scala。

这一时期,IBM 也在研究一个叫 Open Chain 的项目,后来该项目因为商标问题更名为现在公司内部所称的 Open Block Chain。IBM 对分布式账本的首次公开尝试是 2015 年 1 月对外公开宣布的同三星一起进行的有关以太坊的 ADEPT 项目。此后,IBM 一直在继续设计其企业的区块链。

随着 DAH 和 IBM 共同加入超级账本项目,这两家公司也成为该项目在底层技术上的主要推动者。

2016年2月，Linux基金会宣布成立超级账本项目，团队包括Blockstream、DAH、IBM和Ripple等行业内顶尖公司在内的30多个成员。目标是成为未来金融技术的标准。2016年3月，超级账本项目将正式把Blockstream、DAH、IBM这三个项目成员贡献的代码合并为一个新的代码库——fabric，形成一个新的企业级区块链的基础。随后，以太坊也积极同超级账本项目接触，讨论如何将以太坊的源码融入超级账本项目中。

这个项目迅速扩张，如今已有一百家公司组织加入了这个联盟，其中既有从事金融和IT技术的公司，也有航空、工业制造等对区块链技术后知后觉的传统行业公司，大家都开始探讨如何将区块链应用到自己的行业中，解决自己所面临的问题。

目前，不管是从代码数量还是从社区参与度来说，超级账本都已成为最大的区块链开源项目。有别于比特币、以太坊等由极客主导的公有链项目，超级账本是由大企业主导的商业化联盟链项目。

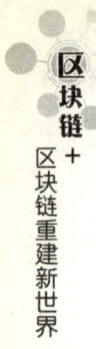

二、超级账本主要项目

超级账本的所有项目代码托管在 Gerrit 和 GitHub 上。

目前,主要有以下八个项目:

(一) Fabric 项目

Fabric 项目起初由 IBM 和 DAH 于 2015 年底发起,是最早加入到超级账本项目中的主要项目。项目包括 Fabric、FabricCA、FabricSDK(包括 Node.Js、Python 和 Java 等语言)和 fabric-api 等,支持 PBFT 等新的共识机制和权限管理。项目目标是成为一个通用的权限区块链的基础核心平台。

为了适用于不同的场合,Fabric 采用了模块化架构,提供可切换和可扩展的组件,包括共识算法、加密安全、数字资产、记录仓库、智能合约和身份鉴权等服务。

Fabric 克服了比特币等公有链项目的缺陷,如吞吐量低、无隐私性、无最终确定性以及共识算法低效等,使得用户能够方便地开发商业应用。

(二) SawtoothLake 项目

SawtoothLake 是超级账本联盟成员英特尔公司发起的一个分布式账本平

台试验项目，最初发布的时候称为 intelledger，在进入超级账本项目后，更为现名。SwatoothLake 是第二个进入超级账本孵化状态的提案。项目包括 arcade、core、dev-tools、validator、mktplace 等。其在超级账本中，孵化了功能相近、设计与实现不同的多个项目，意在促进更深入地探索各类问题需求与各项目的适配场景，不排除在这些项目的后期，会有互相合并或集成的可能。

SawtoothLake 项目提供了一个构建、部署和运行分布式账本的高度模块化的平台，支持全新的基于硬件芯片的共识机制 Proof of Elapsed Time（PoET），分离了账本和交易，使两者成为松耦合的关系；提出了交易族的概念，以便能够扩展到不同的商业领域等。

（三）Iroha 项目

Iroha 由 Soramitsu 等企业于 2016 年 10 月发起。该项目的定位是基于 C++ 语言实现的分布式联本平台框架。Iroha 项目在设计上类似于 Fabric，同时提供了基于 C++ 的区块链开发环境，并考虑了移动端和 Web 端的一些需求。

（四）Blockchain Explorer 项目

Blockchain Explorer 项目由 Intel、DTCC、IBM 等企业于 2016 年 8 月发起。其定位是区块链平台的浏览器，基于 Node.js 语言实现，提供 Web 操作界面，用户使用该项目可以通过界面快速查看查询绑定区块链的状态（区块个数、交

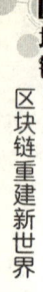

易历史、网络状况）信息等。

（五）Cello 项目

Cello 项目由 IBM 团队于 2017 年 1 月发起，其定位为区块链管理平台，同时提供区块链即服务，以及实现区块链环境的快速部署、对区块链平台的运行时管理。主要开发语言为 Python 和 Java Script 等。底层支持包括裸机、虚拟机、容器云（包括 Swarm, Kubernetes）等多种基础架构。

使用 Cello，管理员可以轻松部署和管理多条区块链；应用开发者可以专注到应用开发，而无需关心底层平台的管理和维护。

（六）Indy 项目

Indy 项目由 Sovrin 基金会于 2017 年 3 月底发起，致力于打造出一个基于区块链和分布式账本技术的数字中心管理平台。Indy 项目主要由 Python 语言开发，包括服务节点、客户端和通用库等。支持去中心化，支持跨区块链和跨应用的操作，可实现全球化的身份管理。

（七）Composer 项目

Composer 项目由 IBM 团队于 2017 年 3 月发起，意在提供一个 Hyperledger Fabric 的开发辅助框架。主要由 Node.js 语言开发。提供面向链码开发的高级语言支持，自动生成链码等，使用此项目，开发人员可以使用

Java Script 语言定义应用逻辑。再加上资源、参与者、交易等模型与访问规则，生成 Hyperledger Fabric 支持的链码。

（八）Burrow 项目

Burrow 项目由 Monax、Intel 等企业于 2017 年 4 月发起。提供了支持以太坊虚拟机的智能合约区块链平台，并支持 Proof-of-Stake 共识机制和权限管理，可以提供快速的区块链交易。

上述这些主要项目相互协作，构成了超级账本的生态系统。

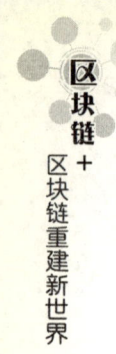

三、超级账本开发工具

工欲善其事,必先利其器。开源社区提供了大量比较方便的开发协作工具,掌握好这些工具,对于高效开发很有帮助,下面介绍一些比较好用的工具。

(一) Linux Foundation ID

超级账本项目受到Linux基金会的支持,采用Linux Foundation ID(LFID)作为社区唯一的ID。

个人申请ID免费,用户使用该ID即可访问到包括Jira、Gerrit、Rocket Chat等社区的开发工具。

(二) Jira——任务和进度管理

Jira是Atlassian公司开发的一套项目与事务跟踪工具,可以广泛应用于缺陷跟踪、客户服务、需求收集、流程审批、任务跟踪、项目跟踪和敏捷管理等工作领域。提供Web操作界面,使用方便。

社区采用jira.hyperledger.org作为所有项目开发计划和任务追踪的入口,使用LFID即可登录。

登录之后,可以通过最上面的Project菜单来查看某个项目相关的事项，还可以通过 Create 按钮来快速创建事项（常见的包括 task、bug、improvement 等）。

用户打开事项后可以通过 assign 按钮分配给自己来领取该事项。

一般情况下，事项分为 To Do（待处理）、In Process（处理中）、In Review（补丁已提交、待审查）、Done（事项已完成）等多个状态，由事项所有者来进行维护。

（三）Gerrit——代码仓库和 Review 管理

Gerrit 是一个免费、开放源代码的代码审查、协同的项目。通过使用网页浏览器，同一个团队的软件程序员，可以相互审阅彼此修改后的程序代码，决定是否能够提交，退回或者继续修改。很多企业和团队都使用它负责代码仓库管理和代码的审阅工作。Gerrit 使用方便，提供了基于 Web 的操作界面，使用 Git 作为底层版本控制系统。

社区采用 jira.hyperledger.org 作为官方的代码仓库，并实时同步代码到 github.com/hyperledger 作为只读的镜像。

用户使用自己的 LFID 登录之后，可以查看所有项目信息，也可以查看自己提交的补丁等信息。每个补丁的页面上会自动追踪修改历史，审阅人可以通过页面进行审阅操作，赞同提交则可以加分，发现问题则注明问题并进行减分。

（四）Rocket Chat——在线沟通

Rocket Chat 是一款功能比较强大的在线沟通软件，支持群组聊天，直接通信、私聊群、桌面通知、媒体嵌入、链接预览、文件上传、附件、提醒、搜索、语音/视频、聊天、截图等功能。支持 Windows，MacOSX，Linux，ios 和 Android 平台。

社区以 chat.hyperledger.org 作为服务器。用户可以直接使用自己的 LFID 登录该网站进行访问，然后则可以添加感兴趣的频道。

用户也可以下载 Rocket Chat 客户端，添加 chat.hyperledger.org 作为服务器即可访问社区内的频道，跟广大开发者进行在线交流。

每个项目一般都有一个同名的频道作为主频道，例如#Fabric、#Cello 等。同时，各个工作组也往往有自己的频道，例如大中华区技术工作组的频道为#twg-china。

第四章 山寨"令牌"

一、令人眼花缭乱的山寨币

当比特币迅速成为虚拟货币中最知名的代表,且行情持续火爆时,在全球范围内,山寨比特币的虚拟货币大量涌现。据不完全统计,单是有市场可以交易的山寨币种类就高达100多种,比如莱特币、点点币、狗币、无限币、红币、元宝币、招财币、自由币、熊猫币、安卓币、席丝币、龙币、比奥币等。下面我们主要介绍山寨币中最有名、市值最高或日交易次数最多的几种。

(一) 莱特币

在这些山寨币中,名气最大、市值最高的当属莱特币。其创始人、前谷歌雇员查理·李表示,莱特币受到了比特币的启发,并且在技术上具有相同的实现原理。

莱特币发布于2011年10月7日,被认为是"改良比特币算法最成功的虚拟货币"。和比特币相比,莱特币速度更快,平均2.5分钟一个块,15分钟就可以完成六次确认。另外莱特币的数量也是比特币的四倍,总数为8400万枚。

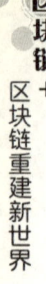

莱特币是比特币的一个简单变种——用他们自己的话来说：如果比特币是货币世界的黄金，我们就是白银。根据比特币最初被设计时的算法，全世界的比特币总量只有2100万个，然而，莱特币的总量却可以达到8400万个。通过对比特币算法进行简单修改，莱特币挖矿速度增快至比特币的四倍，每笔交易的验证时间也相应下降为前者的1/40，同时，与比特币算法依赖高性能显卡不同，莱特币更依赖于CPU和内存，从而降低了硬件进入门槛。

同样作为一种分布式的去中心化的虚拟货币，莱特币不同于比特币使用的SHA256挖矿算法，莱特币采用scrypt算法。独特的算法也是其从山寨币中脱颖而出的关键，scrypt算法使用SHA256作为其子程序，而scrypt自身需要大量的内存，每个散列作为输入的种子使用的，然后与所需要的大量内存存储为另一种子伪随机序列，共同生成序列的伪随机点而输出哈希值。

如今，不少比特币玩家已经开始转向莱特币。他们认为比特币挖矿收益不如莱特币，莱特币虽然基于比特币协议，却并不要求极高的计算能力，使用普通电脑也可进行挖掘，而且莱特币因计算时需要显存，只能用显卡挖矿，不能用类似比特币的矿机"挖矿"，因此莱特币风险较小。依照目前价格，在扣除电费后，一台莱特币"挖矿机"投入产出回本的时间更短。

（二）点点币

根据海外网站Coin Market Cap的数据，仅次于比特币和莱特币的第三大市值电子货币是点点币，点点币也是比特币的一种变体，能够提高开采效率和安全性，由Sunny King创造。

点点币对比特币主要的创新是全新的"股权证明"模式。相对于比特币的"工作量证明",点点币采用"Pow+PoS"的模式来确认交易。

比特币是通过全网络的51%来确认交易的合法性。

而点点币初期是以工作量证明为主,等到网络中持有的点点币日渐增多,将逐步变为股权证明为主,也就是按照参与者持有的货币数量来决定发言权。在PoS模式中,51%不是由算力,而是由持币量决定的。而通过PoS参与维护交易网络的报酬也按照持币量的比例分配,大致相当于年利率1%。

"Pow+PoS"无疑是对比特币的一种改进和创新,而且点点币无上限设计的特点也让不少人认为优于有通缩隐患的比特币。虽然有人不断指责点点币存在开发团队预挖的现象,但是点点币的市值仍然稳居第三。

(三)狗币

狗币起初只是外国人的一句冷笑话,现在却已吸引不少用户,当前已是互联网上日交易次数最多的分布式虚拟货币。狗币具有无上限的设置,不但不通缩而且还会保持5%的通胀率,所以币值比较低。纯粹只适用于交易的狗币,和其他支付方式不同,其交易没有额外的费用,而且交易金额可以小到0.001美元的程度。

虚拟货币交易作为一种互联网上的买卖行为,普通民众拥有参与的自由,但是由于山寨币的开发门槛非常低,几乎人人都可以山寨出自己的加密币,导致山寨币已经泛滥成灾。圈钱等种种违法事件频发,使虚拟货币潜在安全问题凸显,参与者要多加警惕其中的风险,不要盲目跟风。

二、投资山寨币比投资比特币更冒险

随着比特币不断走热,越来越多的投资者觉得比特币价格太高了,升值空间有限,利润空间比较小,于是将投资视线投向了山寨币,期待着比特币一夜暴富的"神话"能在众多山寨币中重演。然而现实却将这种幻想击得粉碎,绝大多数山寨币不仅没有使投资者赚到财富,反而令大多数投资者折戟沉沙、血本无归。究其原因,主要在于以下几点:

(一)没有算力支撑,不具备任何安全保障

比特币之所以像"小强"一样屡禁不止,很重要的原因是背后有强大的矿工群体在进行算力投资,投入到比特币挖矿当中的计算资源以及消耗的能源都是真金白银所换,而比特币的价值大部分也都来自于算力和能源的支撑。

山寨币对比特币的山寨主要是复制、修改比特币的源代码,但是算力投资这部分是不能简单依赖山寨就能得来的。山寨币即便有团队炒作,在初始阶段投入大规模的算力,相较于比特币那庞大的全网总算力仍如九牛一毛。稍微有些实力的矿工都可以对一些山寨币轻而易举地实现51%的攻击。因此,没有巨额算力支撑的山寨币可谓不具备任何安全保障。

(二)没被大众群体接受,不具有价值

比特币除了庞大的算力支撑外,还有一点原因也使得它的价格能够总是重

新坚挺——受众广、认知度较高，并且的确有人在使用比特币进行价值交换。

这一点也是山寨币望尘莫及的，所有山寨币中，除了莱特币有极少商家会使用外，其他山寨币基本不能用来直接购买物品。即使有在投入大量资源而稍有价值，可以通过第三方交易网站换算成比特币支付的山寨币，也因为手续繁琐，同时还要承担价格双向波动所带来的损失，而使得山寨币的价值微乎其微，难以被很多人接受。

（三）经不起时间的考验，很容易销声匿迹

比特币自诞生以来，在多年的暴跌暴涨里已经日趋成熟。而山寨币却丝毫经不起时间的考验，90%以上的山寨币在一年内甚至短短数月内就销声匿迹了。已有越来越多的山寨币渐渐沦为一些开发团队的圈钱工具。

（四）不可能复制比特币的暴涨神话

互联网时代，很多创新都具有先入为主性，比特币作为第一个吃螃蟹的人，在人们的概念中与后来的众多山寨币自有不同。另外，比特币等虚拟货币各种违法案件频发，许多投资者损失惨重，越来越多的人对这类投资提高了警惕。对比特币都已经不看好，暴富神话又怎么可能在山寨币身上重演呢？！更何况比特币本身就带有世界多极政治博弈的影子，这或许是山寨币最难以山寨的一点。

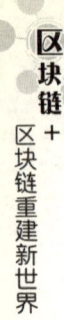

三、山寨币的山寨表现和作弊套路

虽然有些山寨币在拓展比特币理念和应用上，创造了一些新的思路，也付诸了实践。但不可否认的是在全球上千个山寨币币种构成的"共同市场"当中，充斥着大量山寨表现和作弊套路的黑色故事。也因此，山寨币的名声越来越趋于恶劣，业内业外的人们对多币种市场大多持嗤之以鼻的态度。

山寨币的山寨表现和作弊套路一：用低廉的研发资金照搬比特币或者其他成熟品种的基础协议架构，稍加改动，摇身一变成为一个眩人耳目的新币种，在正式发布前预先挖掘一部分数量，等上线时，最高回报的时期已过去。加上他们把参数设得对自己有利，比如在一天之内（甚至一小时之内）就先产生总数10%的币，这样，开发者很容易就获得了大量的币。然后他们设法在某一个或几个交易市场上推上市，再抛售预挖部分牟利。

山寨表现和作弊套路二：山寨币研发后，在刚刚上市那几天，操作难度不大，拉高的概率很大，庄家和投机者利用这个机会进行圈钱。庄家赚了之后，目的达到了，即使手里大把代币，也会一直放着不管它了，但被套牢的"韭菜"们就惨了，高价买入，积压大量资金，当成交量萎缩、整盘过久，一旦出现抛盘，就会造成行情暴跌，当跌得差不多了，他们又会低价买入，再次拉高。

山寨表现和作弊套路三：为了能够获得大量的币用于套现，有的开发者在算力上作弊。虽然标明是CPU型的挖矿，但给自己留了后门，利用显卡优势垄断算力。那些后来跟进的挖矿者用了很多算力却也挖不到足够的币。

山寨表现和作弊套路四：在网上社区雇佣买家公开买入未上市的币种，布下带有营销性质的各种灰色的"局"，吸引矿工加入，然后在新币种上市前后进行套利。

山寨表现和作弊套路五：设置钱包提现障碍等自伤信誉的手段，"垄断"不同市场之间的套利机会。

山寨表现和作弊套路六：为了催涨币值，山寨币的设计者还可以通过一些技术手段造成人为稀缺，而常用的方法就是故意制造快速递减效应。就像比特币那样，推出四年后，当挖矿速度从每区块 50 枚下降到 25 枚时，人们用和以前一样的精力挖掘，也只能挖出一半的货币。于是，当人们"预期"以后的比特币产量会减少，就愿意用更多的美元来买比特币，比特币的价格就会随之飙升。

基于这个快速递减效应，有的山寨币开发者迫不及待地故意设计，让山寨币在短时间内快速衰退，几个月、几十天甚至仅仅几天，山寨币的产量就衰竭一半，让人们进入这种币会越来越难挖的"预期"，从而推高它的价格。越想套现走人的货币，这个衰竭期会设计得越短。但由于参与炒币的人也是想大赚一票后离开，所以这种短衰竭期的货币还是会被人接受。对心存侥幸的人来说，即便明知这是泡沫，也认为自己能够及时逃顶。

山寨表现和作弊套路七：操控已经在交易平台交易的山寨币。由于大部分币种按法币计价的盘子较小，一定规模的资金便可轻易操纵短期价格，再配合网上论坛、社区等数字货币社交平台的舆论放风或炒作，明显价格操纵事件频频发生。一些交易平台甚至常会直接参与其中。

  对于各类山寨币的山寨表现和作弊套路，可以使用安全软件来过滤一些高危网站；与此同时，对与目前市场上投资重灾区噱头吻合的项目要提高警惕；对只在小平台上发行的币种不要轻信；对做过多承诺的，不管是时间、上交易所等各方面承诺都提高警惕——这一点很重要，不要轻信高回报、低风险的天上掉馅饼的事，在迷惑的时候告诉自己：天下没有免费的午餐。

四、远离山寨币，且行且珍惜

一年间涨幅曾超过 80 倍，一个月内跌幅却将近 40%……当比特币在中国这一最大交易市场行情有如"过山车"般起落；全球最大比特币交易平台在内的很多家虚拟币交易平台关门、"跑路"或破产，让许多投资者血本无归；勒索、洗钱、贩毒、走私等都用比特币交易等事件频频爆出，引发广泛关注后，投资比特币是非常冒险的事，以及比特币很多时候都是罪恶帮凶的面貌，已经渐渐为众人所认识。

为保护社会公众的财产权益，防范洗钱等各种风险，2013 年，五部委联合发布了《关于防范比特币风险的通知》，明确比特币定义为一种特定的虚拟商品，规定各金融机构和支付机构不得以比特币为产品或服务定价，不得买卖比特币，不得直接或间接为客户提供其他与比特币相关的服务等。

2017 年，央行对火币网、比特币中国等国内主要的虚拟货币交易平台进行巡查时发现，部分大型交易平台存在超范围经营、违规开展配资业务、投资者资金未实行第三方存管等问题。甚至还有交易平台打着虚拟货币的幌子，进行传销、非法融资等活动。国家互联网金融风险分析技术平台通过巡查也发现，在币链网、大比特等交易平台存在涉嫌传销的"山寨币"，而这些"山寨币"的交易系统多部署在海外，很难彻底监管。鉴于此，中国互联网金融协会数次

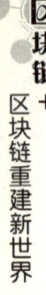

针对ICO（首次代币发行，募集比特币、以太坊等的行为）发布风险提示。央行等七部门联合发文叫停各类代币发行融资。

随着国家各部委持续收紧对虚拟货币的管理，国内大型虚拟货币交易网站相继关停。但是，以比特币等为代表的虚拟货币市场一边发展迅猛，一边风险依然在滋生、集聚，被叫停的ICO依然变相存在。

这其中主因是发行所谓的虚拟货币过程非常简单，在购物网站上，4000元就能买到一份《创世白皮书》，拿着白皮书，抄几段代码，找几位业内人士宣传一下，即使不懂复杂的区块链技术也能ICO。而由于普通投资者缺乏对虚拟货币的基本认识与了解，不法分子打着"金融创新"的幌子将虚拟货币、特别是不具备任何价值的"山寨币"用来进行非法集资和传销，欺诈投资者，欺骗了不少群众盲目"投资"。加上还有一些人对"一夜暴富"心存幻想，受到掮客的蛊惑后，很容易陷入虚拟货币传销骗局中。

于是，部分虚拟货币交易迅速转入地下，场外交易大量出现，坐庄套利、违规流通及理财风险迭出，"山寨币"趁势而起，疯狂吸纳投资者进行网络传销。

据记者调查发现，以"币""炒币"为关键词，可在QQ群、贴吧等搜索到"亚洲币""中华币""米米币""中富通宝币""恒星币""维卡币""龙币""U币""善心币"等各种五花八门、让人眼花缭乱的不同币种。有些人不断晒出翻倍获利的截图，并进行推广："零投入零风险，只涨不跌，变现容易""推荐人可获得'领导'奖励""一个人推广5个人，捡600元，乞丐都可以干"。

据一位安全反诈骗实验室负责人透露，目前利用所谓的区块链概念搞的代币、虚拟币中，非常活跃的代币有两千多种，传销平台已经超过三千多家。中国政法大学资本金融研究院发布的研究报告显示,目前已经有上百个这种模式的资金盘出现问题,数百亿元的资金被骗,严重扰乱了市场经济秩序和社会生活秩序。而虚拟货币涉嫌传销的情况也正在全国多地出现,全国公安机关对以虚拟货币等为包装的网络传销犯罪和传统的聚集型传销犯罪进行了严厉打击。

陕西省西安破获的"钛克币"传销案,短短五个多月时间,参与该传销活动的人员达三千余人,该传销组织非法获利八千余万元。

海南破获的亚欧币案件中的组织在一年时间内吸引了四万多名参与者,吸收资金40多亿元。

湖南省常德破获的万福币特大网络传销案中的传销组织,在不到两个月时间,吸纳会员13万余人,收取传销资金近20亿元。

湖南省株洲破获的涉案金额达16亿余元的特大"维卡币"网络传销案。

……

截至2017年9月,各地已立案侦办传销犯罪案件5983起,同比上升118.5%,涉案金额近300亿元。其中,以各种"虚拟货币"为名实施的传销犯罪比例占了相当一部分。同年各地公安机关依法查处了"五行币""维卡币""亚欧币""钛克币"等一批重大案件,涉及币种107个。

根据公安部最新公布的资料显示,各种披着虚拟货币外衣的山寨币实施的网络传销犯罪蔓延迅速,迷惑性、欺骗性很强。虽然这类传销依然采用的是拉人头、发展下线的传统模式,但由于网络突破了传统地域空间的限制,有区块链、P2P、虚拟货币等新概念做包装,在高端商业区有富丽堂皇的公司门面做掩护,大规模对公司进行宣传,并且不惜血本,聘请专业的宣传公关团队,加之微信、微博不见面传播的隐蔽性特征,此类传销的传播速度惊人,具备极强的迷惑性,不少受骗的投资人被骗却不自知。如果不能及时发现查处,对社会将会造成极强的破坏力。

建立、完善统一的虚拟货币监管平台已成为市场新需求,投资者一定要充分认识其中的风险,保持冷静的头脑,不盲目跟风,远离山寨币,且行且珍惜。

第三篇
区块链架构、产业生态和应用拓展

第一章 区块链的融合改变未来

一、区块链与大数据的融合

信息技术的飞速发展,让现实世界以闪电般的速度被数据化:地图软件将整个地球表面的地理信息变成数据呈现在人们眼前;社交媒体记录着数亿人每天的生活和社交轨迹;健康管理 APP 将人们的心跳、睡眠等各种生理数据记录了下来;大型机、笔记本电脑、移动智能终端、可穿戴设备,如智能眼镜、智能腕带、智能手表等,各种不断推陈出新的信息设备持续不停地记录着人们的一举一动、一言一行,并把这些数据发送至"云"中;高速发展的信息技术让人类进入一个万物互联的大数据时代。

所谓大数据,是指涉及的资料的规模巨大到无法通过目前主流软件工具,在合理时间内对其进行感知、获取、管理、处理和服务的数据集合。

"大数据"不同于"海量数据""大规模数据"这些信息技术领域的原有概念,后者只着眼于数据规模本身,并没有充分反映数据爆发背景下的数据处理与应用需求;而"大数据"这一新概念不仅指规模巨大的数据对象,也包含对这些数据对象的处理和应用活动,是数据、技术与应用三者的统一。

2016年中国大数据产业峰会上,面对三千多位国内外嘉宾,国务院总理李克强发表了重要讲话,高度肯定了信息技术为全球发展带来的助力作用,同时将大数据誉为"钻石矿",并从推动信息联通、实现产业变革、带动经济增长三个层面深度分析了大数据技术给社会经济带来的关键意义。

大数据不仅是信息产业持续高速增长的新引擎,也是提高核心竞争力的关键因素。对大数据的处理分析已经成为新一代信息技术融合应用的节点,各行各业的决策正在从"业务驱动"转变为"数据驱动"。在大数据时代,科学研究的方法手段也将发生重大改变,可通过对实时检测、跟踪研究对象在互联网上产生的海量行为数据进行挖掘分析,揭示出规律,提出研究结论和对策。

大数据时代,数据开放、共享和流通是数据资源价值发挥的关键。但是,由于互联网上缺乏数据源追溯、个人隐私保护和数据确权等机制,给数据价值发掘带来了巨大挑战,而区块链的出现,将给大数据时代的数据开放、共享、交易和流通等带来关键支撑,具体体现在以下几方面:

(一)打破数据孤岛,建立数据间信任和合作关系大数据需要不断收集巨量数据,但当前各种数据被不同平台拥有,属于信用孤岛。比如,一个人的数据信息,被其使用的多个社交化软件各拥有一部分,而非全面;要想打通数据间的连接、实现数据间的共享,相当不容易。区块链的去中心化、数据不可篡改、永久可追溯的特性,可以经由全网的分布记账、自由公证,构建出针对数据的"信任机制",形成共识数据库,从而打破数据孤岛,强有力地支持到各行各业对数据的共享及对数据价值的发掘。

（二）保证数据正确性

区块链上所有数据的采集、交易、流通的每一步运行轨迹都有存储，为数据分析结果的正确性和数据挖掘的效果提供了保障。

（三）保护用户隐私、维护数据安全

大数据时代，用户数据极易泄露是一大难题。区块链上，所有节点平等，用户通过智能合约，可以对数据使用范围进行精细化授权，同时可选择数据公开、身份匿名形式，从而保护了用户隐私、维护了数据安全。

（四）数据可随时追溯

区块链的数据一经存档，很难篡改，因此，可以对大数据进行 Hash 处理，并加以时间戳。日后当需要验证原始数据真实性时，只需对对应数据作同样的 Hash 处理，就可根据所得出的相同的答案，确定数据的未被篡改。这样，每当有新数据，都无须重复处理历史数据，只需要处理新增数据，由此可以极大地降低大数据分析的工作量，提升其工作效率。

（五）基于区块链的大数据交易平台

数据资产的注册、确权和交易，需要一个价值的载体才能实现，区块链作为目前价值互联网最成功的载体，是数据资产极为适合的交易平台。

经由区块链搭建的数据交易平台，数据提供者在完成数据确权后，交由系统完成验证，并形成去中心化的数据列表，使所有节点都可进行查阅、下载与应用。

当交易双方达成合作时，交易信息将被上传至区块链，被所有节点记录和保存，以确保交易的安全可靠。与此同时，区块链智能合约也将使数据交易更加智能，对交易双方的合约在条件满足时自动执行，以实现数据的买卖、租赁、借用和交换等。

（六）大数据平台所需的数据源高地

区块链的每一个区块实质都是信息丰富的数据块，其可溯性让每一个系统数据都能得到采集、交易、流通等各个环节的全流程监控，这些链中的数据当之无愧是高质量、实用性强的数据源，随着区块链的发展，越来越多基于区块链的数据库将被建立，由此，区块链将成为各个大数据平台抢占的数据源高地。

总而言之，经由和区块链的融合，区块链上的数据将更有价值，大数据的壁垒也将一一得以突破——当所有数据都正确、可共享、可流通、可追溯时，其对经济乃至整个社会其他各个方面都会带来难以估量的益处。

二、区块链与物联网的融合

物联网作为一种基于传感技术的物物相联、人物相联和人人相联的信息实时共享的网络,随着规模的不断扩大,对百亿级设备"巨系统"的构建,物联网不可避免地面临着安全隐私保护、数据真实性保障、系统可扩展性与信息共享等多方面的一系列挑战。而区块链的一种核心价值,就是基于程序算法所建立的一个公开、严谨、透明的规则,构建出一个信任网络来保证点对点之间的信任与交易的安全,从而实现去中心化,并减省了统一的账簿更新和验证的环节。由此,二者的融合极具意义,发展空间十分广阔,可以打开物联网的一系列场景。

(一)去信任的点对点通信

通过运用区块链技术,工业物联网可以实现在物联网中的设备之间安全、可靠的通信。

区块链在这个模型中,会完成对金融交易消息交换的处理。通过利用智能合约,以及模拟双方之间的协议,实现设备的消息交换。比如,可让远处的传感器与灌溉系统直接通信,从而能够根据作物上检测到的条件控制好水的流动。

通过在物联网设备商部署区块链技术,可以在设备之间快速、有效地建立起互信和交易网络,推动物联网设备之间进行对等的信息交换或交易。去中心

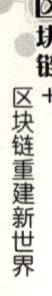

化的数据信息流动，能够将相关信息快速、准确地进行关联，将碎片化的信息整合为系统化的信息，从而更准确地反映客观环境的运行状态，推动业务和应用的创新，为物联网发展开辟更加广阔的新空间。

（二）自主智能设备

利用区块链可以实现数据交换，可以执行金融交易的真正自主智能设备，而无需集中代理。这种类型的自主原理是基于区块链网络中的节点不需要依赖中心管理机构来验证交易的有效性。比如，一个制造工厂的智能设备，可以下订单修理其部分零件，而无需人工或集中干预。

（三）自主运行的设备账本

区块链可以通过保存智能设备的历史记录，让智能设备的自主运行无需集中授权。这为实现工业物联网应用程序的许多合规性和监管要求提供了必要基础。

利用区块链，各个设备都可以自主执行与其他设备的合同或协议、支付。这是一种全新的商业模式，相当于把机器引入经济行为体，让每个设备都可以作为一个单独的业务运行，并且对其处理能力与其他经济资源的分享方式做出最有利的决定。

（四）产品溯源链

在物联网技术中，产品追溯是重要应用领域之一，目前，产品追溯广泛应用于农牧产品原产地追溯、工业生产原材料与零配件追溯，以及消费品防伪等方面。

区块链技术应用在产品溯源过程中，可提供出多方参与且信息透明、共享、保真的溯源链。经由建立区块链账本，可以在产品的生产、加工、销售等多个环节，构建出真品溯源的全程链式路径直达最终使用者或消费者。

基于区块链技术建立的溯源链，不仅数据公开透明、不可伪造，而且不可篡改、不可撤销，从技术上解决了产品数据真实性问题。在区块链溯源链中，从生产企业到经销商，从零售商到监管部门，都能够通过溯源链实现各个环节的数据共享，从而有效地解决了当前产品溯源中数据可能在某一环节被篡改而导致整体数据失真的问题。

（五）可靠路况链

在车联网的 V2X 交互过程中，为了避免因数据信息真实而导致的失效，保证高即时性和高不确定性的路况信息能在车辆之间进行可靠性传递，可以基于区块链技术建立起"路况链"，从而实现信息的透明、可靠传递。

（六）系统安全堡垒

由于物联网节点分布广泛、数量众多、应用环境相当复杂、计算与存储能力有限，使得安全性相对比较脆弱。随着物联网在工业、能源、电力、交通等国家战略性基础行业的广泛应用，安全问题已成为亟待解决的问题。区块链技术的应用能够有效提升物联网的系统安全性，这主要表现在以下三个方面：

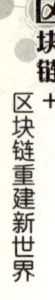

1. 鉴别物联网节点的合法性身份

区块链的验证和共识机制能够有效识别合法的物联网节点，从而防止了非法或恶意的物联网节点或设备的接入。

2. 保护物联网数据的隐私

集中式的物联网方案由平台对感知数据进行汇聚和处理。对于接入到物联网平台的行业用户而言，面临着物联网平台在未经许可的方式下存储和转发涉及用户隐私的物联网数据。区块链带来的分布式、无中心化结构，以及对所有传输数据进行加密处理的方式，将能够有效地解决这方面的问题。

3. 提升物联网网络基础设施的安全性

区块链技术通过将集中式服务改为分布式服务，可以有效防范对关键核心网络基础设施的攻击。

除了上述方面以外，区块链技术在物联网中的应用还有以下一些功能：

（一）大幅降低设备成本

区块链可以通过在分布式计算中，运用点对点计算处理物联网数以千亿计的庞大交易，大幅降低中心化数据库建立与维护过程中产生的巨大成本；并且，还可以将分布在不同位里的数以亿计闲置设备的计算力、存储容量和带宽充分运用于交易处理，从而显著降低计算和储存的成本。

（二）解决产品生命周期的问题

利用区块链模式，物联网可以将维护设备的责任交给一个自我维护设备社区，这使得物联网设备无论在生命周期内还是超过生命周期，都不会过时，从而节省了很多基础设施成本。

尽管区块链和物联网的融合前景广阔，但也不能忽视当前正处于区块链发展的初期阶段，二者融合的过程中还存在一些需要克服的障碍。比如，共识模型、验证交易的计算成本与能耗等。不过，我们坚信，随着区块链和物联网的不断发展，这些障碍终将被一一克服，为更多让人振奋的应用前景开辟道路。

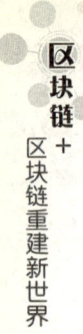

三、区块链与人工智能的融合

区块链和人工智能,又被人们称为"改变整个互联网底层发展逻辑的两大技术力量"。

人工智能作为一门用人工的方法和技术,模仿、延伸和扩展人的智能,实现机器的智能化的科学技术,需要不同领域的海量大数据来作为机器人深度学习的"食物","训练"其相应的人工智能。

然而,掌握大数据的互联网公司都把自己所掌握的大数据资源视为核心资产,开放程度相当低。企业与企业之间难以相互提供有价值的数据,要想让数据能够实现完善的商品化、社会化,就须以区块链来构建。

区块链技术的多中心、分布式和共享等特性,极具协调合作精神,能够很好地解决上述问题。比如其"公有链"的数据运行具有多中心、公开、不可篡改、可溯源、跨国际特性,就能为人工智能数据社会化提供良好的契机。

通过在公有链之中进行大数据的"孵化",各个互联网公司也都可以依照自己的需求运用区块链的"智能合约"来实现人工智能,让人工智能的创建动机更为清晰可控,从而有效地解决了人工智能的技术与应用模式发展不均衡问题。

如今,全球很多国家都在积极开发基于区块链的国家级人工智能的开源共享平台。因为系统和应用软件全部是开源化的,因此,用户可以不用担心该平台会被技术所限制,并且每个国家都可以参与其中共同开发。

以基于区块链来完成采样机器人数据安全保障为例:

我们需要在出厂部署、数据上传、存储和应用、数据真实性校验等多个步骤中分步处理。

(一)出厂部署

这一步骤仅需在出厂后、机器人上线前完成一次。系统在部署上线时,需要为每个采样机器人生成一对基于 ECDSA 椭圆曲线算法的区块链公钥和私钥地址,也称为机器人公钥和私钥地址。然后,使用系统特定的公钥地址(又称为主公钥地址),向所有准备使用的机器人公钥地址上发送一笔微小金额,比如价值 1 分钱的数额,完成机器人合法节点的登记备案。

基于区块链技术的这种做法,首先,能够因私钥地址无法由公钥计算推出,而让机器人的私钥地址得以保密,使得外界无法伪造节点来发动攻击,从而保护了系统的安全性和完整性。然后,由于涉及区块链公钥地址的交易都会被记录入区块链中,比如,出厂登记的时间、发送公钥地址(主公钥地址)和接收公钥地址(机器人公钥地址)等,这样,就形成了全网严格唯一的数据索引标识符,不能被篡改或删除。再者,机器人活动和状态的各个阶段如启用、故障、恢复上线、报废回收都可完全记录,从而能够随时供任何人和任何应用程序进行检验。

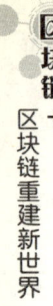

（二）数据上传

采样机器人把准备上传的传感数据进行封装后，会使用内置的私钥地址对这些传感数据进行签名，再传送给存储模块。存储模块则会通过检查区块链登记的备案信息，验证采样机器人节点的合法性；再运用备案信息中机器人的公钥地址对数据签名进行核对，只有在数据通过核对验证后，存储模块才会对机器人上传的传感数据做出真实有效的认可。

（三）存储传感数据的数字指纹

各个机器人采集的所有传感数据在进入数据库之前，会统一完成这些数据的数字指纹计算，为一定时间内的传感数据生成固定字节长度的简短字符串。然后，再把数字指纹作为交易的脚本备注信息，就此完成一笔数字货币交易。这笔交易的发送方是主公钥地址，接收方则是数据来源机器人的公钥地址。基于区块链的工作量证明机制，该数据指纹以及交易的时间戳会永久保存在区块链网络中。当以上步骤完成后，传感数据和对应的数字指纹就会存储到系统数据库中，以备以后的服务和应用程序能够随时调用。

（四）数据真实性校验

用户在调用系统中各机器人上传的传感数据时，系统会同步计算出这些传感数据的数字指纹并进行检索。由于区块链具有极高防篡改特性和数字指纹计算的高度难逆性，所找到的数字指纹符合的传感数据以及来源机器人的信息、时间戳等的真实有效性都得到了有力的保障。

这种运用区块链技术实现采样机器人传感数据的真实有效性的保障方法，不仅安全性很高、实用性很强，而且成本比较低廉、容易推广。这种方法在物联网设备数据交互、大数据隐私保护、电子证据的保存鉴定等多个技术领域也有广阔的应用前景。

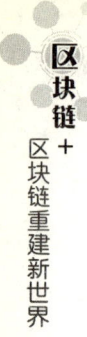

四、区块链助力互联网+腾飞

互联网时代，随着互联网思维的不断实践，互联网的创新成果深度融合在了经济、社会各领域之中，提升了创新力，发展了生产力，形成了更广泛的以互联网为基础设施和实现工具的经济发展新形态，人类由此进入了互联网+时代。

所谓"互联网+"，简而言之，就是"互联网+各个传统行业"，但这种相加，不是简单的相加，而是动态的、多维的、富有无穷生产力和创造力的，当互联网与传统行业深度融合后，是能带动社会经济实体的生命力、创造出新发展生态，为各种新的商业模式提供了无限可能的。

互联网+能够让人类的生活和生产的空间实现"人、事、物"的终端互联和数据互通，物理世界、信息空间和社会关系网络三者将实现数字化融合；能够根据供应链和消费者的海量实时互动数据，依靠云计算和大数据等信息处理技术，构建出数字化的新型商业模式和资源配置方式；能够拓展人类社会的网络化生存时空范围，提升社会生活的数字化水平，推进数字化市场和数字化经济的发展；由此而推进社会管理、生产消费、日常生活等多个场景跨界的互动与融合，从而丰富人类的数字化生活，推动经济创新发展和社会和谐发展。

作为一个完全开放的生态，互联网+允许任何人参与其中，提供服务和商品，进行交易和支付；然而，开放的互联网上也存在着很大的安全漏洞，各种网络违法犯罪活动的频发，使得人们难以信任互联网上的保障，尤其是在人们需要完成对安全性有很高要求的商业活动和价值转移的时候。

互联网上的信息和交易安全的强化，是人们的迫切需求，也是互联网亟待解决的重要问题，而区块链技术正好能够有效地解决这些困扰当前互联网+发展的瓶颈问题。

（一）让交易可信，避免消费欺诈

作为一种加密通信和存储的媒介，区块链技术可以有效识别交易方的资产状况，并将交易历史完整记录下来。在进行网络支付时，无需借助第三方认证，就可以安全可靠的授权支付。基于区块链技术进行的O2O交易，能够有效防止单一后台被操纵进行的刷单问题，所有的交易记录都具有真实可信性，从而让消费者避免了上当受骗的可能性。

对于虚拟商品交易存在的欺诈问题，目前的电商生态尚无法有效解决，因为虚拟商品交割是不能直接完成的。因此，作为买家，需要具备一定的风险防范常识，并且非常谨慎地识别潜在的风险，由此，虚拟商品交易很难通过大规模的发展来支撑起一个全新的产业。

而通过区块链技术发行数字资产，就可以将交易的信用风险降到最低。与此同时，经由结合智能合约，还能催生出新的业务模式，比如虚拟资产的抵押贷款等。

区块链技术还可以作为消费评价的有效机制，为服务提供商建立起诚信档案。基于区块链的特性，区块链可以为大家提供可信的和公开的存储记录，但凡用户提交的评价都会一直在区块链中存在，不被篡改、删除与隐藏。与此同时，进行评价的用户也需要提供自己的数字签名，以此可验证出是否有虚假评价、恶意评价的存在，从而最大限度地防止了刷单欺骗交易的可能。

（二）去中心化避免垄断获利

如今，绝大多数互联网公司都打着免费试用的名义来发展用户。通过收集和控制用户信息，培养用户的使用习惯，最终兼并同行竞争企业达到垄断控制整个细分行业的目的。越来越多的人已经发现了这个问题，但是在传统中心化信息服务提供的模式下很难避免数据的垄断问题，因为整个服务器的硬件和软件都掌握在平台服务提供商的手中。

具有去中心化特点的区块链技术，所存储的交易信息能够平等地分布在各个参与到其中的验证节点上，其中，大量的验证节点都控制在不同的个人和企业手中。尽管参与其中的所有节点未必不存在作恶者，但是从区块链的整个网络来说，上面的数据是安全可靠，并且几乎不被操纵和篡改的。正因为这种去中心化模式，基于区块链的平台在现在和将来都能有效地避免形成垄断。

（三）优化积分机制

目前，许多银行和航空公司都采用积分机制来鼓励用户消费和使用自家的产品，对于这些积分，企业都准备了一定成本进行覆盖。在企业角度上，在不提高成本的前提下给客户提供更好的消费体验是企业需要关注的重点问题；在消费者角度上，从企业获得的积分只能在特定的、有限的商家消费或者换取自己不需要的商品，并不能提升自己的实际体验。其根本问题在于，这些积分实际上不能做到有效的流通。而对于很多商家来说，由于无法和企业达成能够有效盈利的合作模式，也无法加入到这个基本积分系统中。

基于区块链技术，可以将积分机制构建在区块链网络上，不同商家和消费者可以进行自主选择。消费者将自己不需要的积分在区块链上兑换成现金，而提供高质量服务的商家也可以将服务提供给需要的消费者。对积分发行企业而言，他们不必承担更高成本就能够盘活整个积分体系，为自己的客户提供更好的消费体验，这不失为一种实现共赢的方式。

如果将这种积分模式推广开来，让大量的企业积分一同加入进来，建立一个积分系统的大联盟；那么，在这个开放的区块链积分系统中，不仅不同的积分都能够进行自由兑换，服务提供商也能自由定价，提供更好的服务和产品选择。而积分发行的企业甚至都不需要重新构建应用系统，因为基于开放的区块链积分网络，第三方应用软件开发商也可以提供更加优质的软件系统，用于支付结算和交易管理。

对于互联网+而言，区块链在很多方面都有着不可替代的优势，二者的深度融合，不仅可以有效解决很多行业的痛点，也孕育着大量的发展机会，为诸多创业公司构建新型行业生态提供难得的机遇。

第二章 基于区块链的拓展

一、区块链 + 互联网金融

互联网金融是互联网与金融的结合,指以互联网为服务平台进行的一切金融活动。如线上支付、线上资金筹集以及线上理财等。整个金融活动的开展、进行和完成均应以互联网为依托,有效突破了传统金融在时间、地域上的限制,使资源配置更加方便、快捷、透明、有效。

但是,作为一种新型业态,互联网金融在发展迅猛的同时,其信用风险、信息安全、法律风险等也逐渐凸显,国内外互联网金融失败案例屡见不鲜,互联网金融的健康发展因此而受到了很大的阻碍。

当前,导致风险控制不足的主要原因是互联网金融难以平衡安全性、效益性和流动性三者之间的关系。比如,假如一家互联网金融企业资金周转不足,缺乏资金的流动性,就会影响其盈利能力,在极端状况下,甚至可以导致该金融机构的倒闭。而安全性与效益性二者之间有时又存在一定的竞争与冲突。而互联网金融企业既不能不顾资金的流动性与安全性一味追求经济效益,也不能过于强调流动性和安全性而忽视潜在的经济效益,否则发展都不能持续。如何解决三者在时间与空间上的冲突呢？这是当前互联网金融风险控制难题——基于数据搜集与共享的区域链可谓解决该冲突的最佳手段。

（一）区块链对风险的防范、控制和降低

区块链对风险的防范、控制和降低主要体现在以下几个方面：

1. 基于区块链技术，交易确认即完成清算和结算，由此而大大降低了交易对手风险。

2. 区块链将交易过程数字化，并进行完整记录，从而能够有效控制欺诈、手工输入错误等操作风险。

3. 区块链的分布式网络和共识机制，能够减少金融企业受黑客攻击等系统风险。

4. 以区块链征信系统为基础，通过对征信系统的个人或企业进行详细的区分，划分为三类：优质类客户、风险类客户与中间类客户。对优质客户，互联网金融企业全力为其提供金融服务，保证收益。对风险类客户，互联网金融企业将其拒之门外，减少损失。而对区分中间类客户属于优质类还是属于风险类，则是区块链的主要任务。区块链技术可在对中间类客户的网上日常活动进行全方位的资料搜集后，对其网上消费习惯、网页浏览习惯、借贷次数等方面进行筛选与分析，得出可供参考的有效数据并对其进行评分，从而极大地预防和减少互联网金融企业风险的发生，进而有效减少企业的经济损失。

5. 互联网金融的欺骗行为的发生通常出现在交易过程中。具有分布式特

点的区块链可通过运用加密手段来保证交易的安全进行。此外，区块链去中心化的特点可以保证其能建立起一个全网络定时刷新记账系统，每一次交易都会有一个唯一性的时间标记，同时全网络可见，保证交易历史的唯一和透明。这样既可以避免重复交易，又可以防止伪造交易记录的投机行为，进而最大限度地减少互联网金融交易的欺骗行为。

6. 区块链分布式系统透明、公开、不可篡改，既可降低结算与支付的出错率，又可实时监控每一笔资金的流入流出情况，有利于金融监管，降低金融风险。

区块链应用于互联网金融，除了可以防范、控制和降低风险外，还能有效地降低成本和提升效率。

（二）降低成本和提升效率

1. 极大地减少商业信用成本。区块链的"不可逆性"与"可追溯性"特征能够确保互联网金融防止进行伪造数据，有利于互联网金融企业的信用建立。

2. 减少多方沟通成本。以证券交易市场为例，证券交易市场往往需要中央结算系统、证券公司、交易所和银行等多方参与和协调，成本过高；而区块链可以通过多重签名等技术实现一条龙服务，且信息可以共享，提升整个业务的协作效率。

3. 提高自动化程度，节省人力成本。

4. 区块链交易的确认过程就是清算、结算和审计的过程，结算周期更快。

5. 保存监管和审计的所有历史记录，为监管、审计等提供便利。

6. 区块链可以实现实时平账，避免事后审计，从而降低企业成本。

7. 可以通过进一步发挥互联网金融大数据技术，将互联网金融的大数据进行数据重构，成为行业入口，每个互联网企业都是该区块链的一分子，对数据进行更新和维护，并进行资源的共享，可以有效地减少运营成本。

8. 区块链可以运用数据将现代金融体系中的钱账分离进行结合，由此就减少了银行与银行之间、地区与地区之间以及国家与国家之间的事后审计及其成本，并提升了效率。

二、区块链+电子商务

依托互联网优势,电子商务为世界经济创造了大量财富,也引领了科学技术的飞速发展。而科技的不断创新,又反过来作用于电子商务经济,促进了电商经济不断的繁荣。比如,云计算、大数据、人工智能、移动/社交网络等技术的出现解决了诸如电商经济中供应链、购物评价、系统推荐、隐私保护等诸多问题。区块链的出现也如这些技术一样,为电子商务经济的发展注入了蓬勃的新活力。

区块链核心技术在电子商务的创新应用具体可体现在以下方面:

(一)营销

随着电子商务竞争日益白热化,种种营销手段也被各大商家应用得淋漓尽致。但是这些营销手段又都存在着一定问题。比如,信誉的真实性问题。提高卖家信誉是电子商务营销必不可少的手段之一。但是,在虚拟网络中信誉的真实性很难保证。除了一大部分用户担心商家的报复,一般都会给予较好的等级评定的情况外,有些商家会通过赠送额外商品或小额返现的方式来博取违背买家意愿的评语。而少数恶意的卖家甚至会通过大量注册虚假客户或者盗用客户信息在自家网店内进行信誉评定。

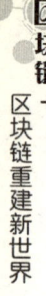

除了信誉不够真实外，电子商务平台中的商品推荐系统也常是虚假信息的聚集地。首先，推荐系统数据源的真实性难有保证；其次，有些平台还存在着平台和卖家的利益勾结，处于中心管理地位的平台完全可以更改某个商家的产品在推荐系统中的位置。由此，种种因素导致的信息不准确已经让电子商务营销逐渐趋于形式化。

运用区块链，可以对现有的信誉系统和推荐系统的不足之处进行优化，保证系统数据的准确性，并提高系统的实用性。用户的消费体验数据存储在区块链上，防篡改，可追溯；并且去中心化的结构使每个节点具有了自治能力，为用户的如实评价创造了环境。更重要的是，在区块链基础上赋予零知识证明、同态加密与环签名等技术，能有效地保证客户隐私并提升客户识别的效率，从现实领域中解决了消费者不敢说真话的问题。

（二）去中心化电商交易市场

随着微信、QQ等移动社交工具的创建，去中心化的点到点的电子商务模式应运而生。凭借其成本低、速度快的特点，去中心化的电子商务实现了生产者经济效用最大化和消费者最优的性价比；但是由于其很难找到类似于第三方的信誉保证，去中心化的设想就曾在一段时间内搁浅而很难付诸实施。

利用区块链，可以推进去中心化电子商务交易市场以其独特的理念逐步将电子商务向憧憬中的"按需设计+定量生产+零中介+零成本+高透明"的运营模式这一方向进行变革。

第一，去中心化促成买卖双方的直接交易，真正实现了"以人聚人"的贸易。卖家即买家,买家即卖家。他们更设身处地真正了解什么是用户的需求。

第二,去中心化就是去第三方平台,实现了完全的自由贸易。交易中不存在第三方,就不会产生交易成本;没有人能审查交易双方及交易过程。因此,消费者不用担心个人信息被第三方平台泄露和滥用;商家也不用再担心自己的客户源受控于第三方。

第三,整个交易过程公开透明,全程记录在区块链中。一旦有用户发现了非法的交易或者售卖假货就会举报给执法部门,由相关政府部门进行惩罚。

(三)在线支付系统

区块链支付的出现撼动了中心化支付模式,相对于网银支付和第三方支付来说,实现去中心化会具有更高效的支付体验。

第一,区块链支付让参与者能够分享实时账本,并采用去信任的共识机制验证交易的真实性,由于整个过程中不需要中心机构进行审核,因此节约了大量的交易成本。

第二,每个区块都存储了整个系统的数据备份,并通过数字加密技术确保数据的安全,由此避免了传统中心化结构系统容易受到恶意攻击的问题。

第三,区块链支付是建立在点对点(P2P)网络之上的,因此可以实现全天候支付、即时到账等功能。

(四)跨境电商

对于国际贸易,区块链可谓具有划时代意义的技术。区块链在国际贸易中

的应用价值非常明显,除了跨境支付的优点外,至少还有三大优点:

第一,区块链可以对国际贸易的运输单据和资产进行加密保护,具有透明性、防篡改性;由此,能够有效减少或防止国际商业贸易中的欺诈行为。

第二,基于区块链技术的应用能够有助于交易的审计、货物供应链的可追踪和运输记录的不可篡改。

第三,在贸易融资领域,区块链有更直接的影响。作为一种去信任的工具,它可以成为国际贸易中常用的信用证。

三、区块链 + 物流

如今,基于区块链的应用已延伸到经济社会各个领域,在物流领域也得到了初步发展。区块链技术在供应链、物流保密、国际物流、危险品监管、中小微企业融资、终端消费品追溯等方面均有良好的发展前景。

(一)供应链

供应链是核心企业通过信息流、物资流和资金流等,与相关的制造、组装、分销和零售企业共同建立的一种复杂的网链结构。企业通过这一网链,将原材料转变为产品,再销售到最终用户。

供应链所涉及的不同的主体之间,存在着大量的交互和协作活动,其运行过程中产生的各类信息被离散地保存在各个环节的各自系统内,信息流缺乏透明度。这会产生三个严重的问题:一是因为信息不透明、不流畅导致链条上的各参与主体难以及时、准确地了解供应链上相关事项的状况及存在的问题,从而影响供应链的运行效率,同时,企业也很难对客户需求做出快速的反应,严重时甚至会出现库存管理混乱、采购与物流中断等现象。二是由于信息缺乏准确性,各企业之间很难建立互信机制,当供应链各主体间出现纠纷时,举证与追责耗时又费力,甚至在某些情况下还会变得不可行。三是企业的信誉尚且无

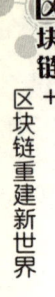

法保证，处于劣势的消费者更是被假冒伪劣产品、差强人意的物流与售后服务所困扰。

区块链技术作为一种大规模的协同合作工具，非常适合运用于供应链管理。

首先，区块链将交易信息向全网各个节点广播，全网各个节点可以有选择地记录交易信息，因此区块链中的信息完全公开透明，由此而在整个供应链条上形成一个完整且流畅的信息流，确保各个节点及时发现供应链系统运行过程中存在的问题，有针对性地找到解决问题的方法，并及时对客户需求做出反应，大幅提升供应链运行的整体效率。

其次，区块链又采用非对称加密技术，保证了数据的防篡改性，时间戳的应用和按时间顺序链接区块又实现了可追溯性。这三个特点可以很好地解决供应链数据共享和检索难的问题。防篡改性和时间戳的存在性证明提高了供应链内部信息的准确性。可追溯性可以很好地运用于解决供应链体系内各参与主体之间的纠纷，实现轻松举证与追责。数据防篡改与交易可追溯两大特性相结合可根除供应链内产品流转过程中的假冒伪劣问题。

（二）物流保密

在物流过程中，通过运用区块链的数字签名和公私钥加解密机制，可以充分保证信息安全以及寄件人、收件人的隐私。比如，快递交接需要双方私钥签名，每个快递员或快递点都有自己的私钥，是否签收或交付只需查一下区块链信息即可。假如用户并没有收到快递就不会有签收记录，快递员也无法伪造签名，因此可杜绝快递员通过伪造签名来逃避考核的行为，减少用户投诉，防止货物的冒领误领。而收件人也不需要在快递单上展示自己的实名制信息，使得安全隐私有了更多保障，从而会有更多人愿意接受实名制，进而促进国家物流实名制的落实。此外，运用区块链的智能合约，还能够简化物流程序和大幅度提升物流的效率。

（三）国际物流

较之国内物流，国际物流由于运输距离长、中间环节多，涉及海关、银行、保险、商检等部门，物流运行过程更加复杂，因此物流效率更难以提高。而通过运用区块链技术，能够将众多组织全部连起来，并将所有组织的信息实时记录到区块链里，企业、货主、海关、银行等均可实时分享，大幅提高了供应链的透明度和数据的可信度，并实现了无纸化办公；与此同时，还可协助海关实现截面管理，减少重复申报与查验，并帮助企业自主申报、自报自缴，货物放行后审核，提高通关率。

（四）危险品监管

在危险物品的储存和运输中，除了要考虑成本和效率，更重要的是要处理好安全保障的问题。基于区块链的危险品监管，其不可篡改等特点能实时、准确、有效地监管危险物品在整个物流中的流向和状态，利于监管部门进行事前监管而不是出事后再问责。再者，区块链可以记录供应链中的分销商、供应商、运输商等所有的信息，并永久保存，一旦出现问题，监管部门可以及时迅速地进行查询和追责。

（五）中小微企业融资

对于中小微物流企业而言，资金流是制约这些企业发展的难题。虽然有仓单质押，但暂时还没有对仓单进行有效管理的系统，由此，缺乏精力去鉴定仓单真伪的金融机构往往很难知晓仓单的真实性。如果能够将存货和仓单的真实性、对应性建立起来，就可以解决仓单质押中的现实问题，区块链在这方面能够提供很好的支持。通过将整个流程的全部信息记录下来，银行可以实时准确地去查询仓单的真实性，然后根据仓单进行估价，为中小企业贷款。此外，区块链还能帮助物流企业积累运营数据，便于金融机构鉴别潜在贷款用户。

（六）终端消费品追溯

消费者都希望消费来历清楚的产品，以免不良生产者、销售者钻空子从原材料等方面进行违法生产和销售。这其实就涉及了防伪溯源。基于区块链技术，可以把有关的所有信息记录下来，从而轻松有效地解决这个问题。

四、区块链 + 教育

2016年10月,工信部颁布的《中国区块链技术和应用发展白皮书》指出:"区块链系统的透明化、数据不可篡改等特征,完全适用于学生征信管理、升学就业、学术、资质证明、产学合作等方面,对教育就业的健康发展具有重要的价值。"由此可见,区块链能够在教育就业生态的构建和发展中发挥重要作用,其教育应用价值主要体现在四大方面:

(一)构建学信数据库

当前,在教育领域中,存在着信用体系缺失问题,以及教育就业方面学校与企业相脱离等问题。基于区块链的分布式学习记录与存储,任何教育机构和学习组织都能够跨系统、跨平台地记录所有学习行为和学习结果,并永久保存,形成学信数据库。由此,用人单位招聘时,可以通过合法渠道高效、全面地获取学生的任何学习证据数据,并对应聘者与待招岗位间的匹配度进行精确评估。此外,学信数据库还是高校开展人才培养质量评估、专业评估的重要依据,有助于学生技能与社会用人需求的无缝衔接,有效促进学校和企业在人才培养上的高效精准合作。

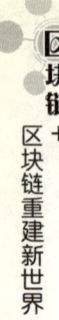

（二）建立教育智能交易平台

通过区块链的智能合约，可以完成教育契约和存证，构建网络教育智能交易平台。该平台系统中的购买、使用、支付等工作全部由系统自动完成，无需人工操作，并且购买记录无法篡改、真实有效，所有的交易和合约数据都将被永久保存。消费者在该平台系统中发出购买信息后，系统会基于智能合约的运行规则，自动将对应的学习资料准确地发送给消费者，有关该资料的物流信息也将被智能合约追踪，在消费者确认收到学习资料时系统自动确认完成支付，无需手动付款。此外，该交易平台还提供在线学业辅导、在线培训、工具下载等服务，学习者可根据学习需求进行选择，实现自主消费。

较之其他非区块链技术的交易平台，基于区块链技术的教育智能交易平台具有以下优点：

1. 区块链公开、透明、不可篡改等特性，可以保证交易信息的真实有效，杜绝欺诈行为的发生。

2. 智能合约程序可以控制区块链资产，对资金和学习资料进行存储和转移，学习者购买资料、服务等交易信息被永久保存、可随时被追溯，为消费者和商家的权益提供了技术支撑与过程性证据。

3. 区块链智能合约程序是全自动执行程序，人工无法干预、篡改，因此，能够提高平台交易效率，满足消费者对知识获取迅速的需求，并且能够保证交易平台的可靠性、稳定性。

4. 智能交易无需第三方支付平台，就可以便捷地实现学习者与培训机构、学习者与教师、机构与机构之间的点对点交易,从而不仅能提供有质量保证的更高效的在线学习服务,而且节省了中介平台的运营与维护费用。

(三)开发学位证书系统,解决全球性学历造假难题

随着就业竞争日益加剧与科技的飞速发展,学历造假已经成为阻碍教育全球化发展的重要因素。伊利诺伊大学物理学教授 George Gollin 曾对文凭造假现象做过调查,估计每年约有20万份虚假学历证书从非法文凭提供商处售出。国际知名调查公司 Hire Right 的一项调查结果显示,约86%的受访招聘方表示他们曾发现应聘者提供虚假学历信息。为了解决学术欺诈尤其是学历造假这一教育领域的全球性难题,麻省理工学院、霍伯顿学校、肯尼亚信息与通信技术部等机构纷纷开始尝试引入区块链技术,构建全新的学位证书系统,以实现学历信息的完整、可信记录。

基于区块链去中心化的、可验证的、防篡改的存储系统,可以保证存放于区块链中的学历证书和文凭的真实性,使得学历验证更加安全、便利、高效,同时还能节省人工颁发证书和检阅学历资料的时间、人力成本,以及学校搭建运营数据库的费用。

(四)建立安全、可靠、高效的开放教育资源生态

近些年来,开放教育资源飞速发展,为全世界的教育者和受教育者提供了大量免费、开放的数字资源,但是与此同时,也出现了版权保护弱、运营成本

高、资源共享难、资源质量低等诸多难题,区块链有望成为解决上述难题的最佳工具。

1. 强化资源版权保护

区块链非对称加密算法能使所保护的版权信息安全性与可靠性更高,同时由于公开透明的特点,任何信息都能被使用者随时查询、追踪、获取,从而有助于从源头上解决版权归属问题。

2. 降低运营成本

区块链去中心化应用到开放教育资源建设中,可以节省大量中介成本。用户之间可直接通过点对点传播共享资源,从而减少大量投入在中介平台上研发、管理、维护的成本,降低开放教育资源运营成本。

3. 促进资源共享

区块链的分布式账本能将教育资源分布式存放于不同区块,通过点对点传播,实现所有节点共享学习课件和工具软件等资源,从而既可以提高共享效率,又可以解决资源孤岛问题。

五、区块链+医疗

（一）保护医疗数据安全共享，提高医疗效率和协作度

如今，包括电子病历、医保数据、健康档案等在内的所有医疗健康数据，基本上全都存储在公共卫生部门或者医疗机构的内部数据库中，而通过可穿戴设备等获得的个人健康实时数据则被存储在应用服务商的私有数据库中。

这些数据库因为涉及个人隐私，很少能被共享和开发利用，但是这些数据本身其实也并不安全，系统性的数据泄露时有发生。据报道，2015年，美国第二大医疗保险公司Anthem就被黑客盗取了该公司超过八千万名客户和雇员的个人信息。同年，加州大学洛杉矶分校医疗系统遭遇黑客攻击，大约有450万份客户医疗数据遭泄露。类似事件频繁发生，让医疗机构们更加不愿意把数据放到网上或者分享利用，由此，数据的价值很难发挥出来。

区块链是一种解决良方。在区块链上记录和存储的医疗健康数据，并不只属于某个中心化的机构，这些数据是被加密的、匿名的、不可篡改的，而且是可编程的。这些特征保证了人们医疗健康数据的隐私和所有权可受到良好保护。授权用户可以合法地利用数据，但不能私自占有数据，也不能非法篡改数据。

由此，基于区块链建构的一种去中心化的健康数据存储方式，个人隐私能得到更好的保护；医生或其他机构也能在患者授权下访问其医疗行为；患者本人也能利用用户身份标识符或公开密钥实时获得自己想了解的健康信息；在运用区块链技术存储患者医疗记录时，也可授权其他单位访问而不用担心数据的安全性和完整性。

在区块链上，患者电子健康数据会被多方授权建立、追加、分享，整个医疗行业的效率和透明度将会被重塑，而数据真正的掌握者则将变成患者本人，每个人能够成为自己数据的主人，而不是现在的某个医院或第三方机构，新型医患关系也将重新建立，应用前景十分广阔。

在区块链上，通过将公共卫生和医疗机构的个人医疗健康数据安全统一的记录、存储和共享，并保护个人隐私和数据所有权，能够实现跨医疗机构、跨地区乃至跨国家的医疗健康数据的共享和协作。

（二）可穿戴设备数据的安全共享

当前，可穿戴设备越来越普遍，有大量应用程序通过手机收集健康数据，但是将这些数据共享给医疗服务商，由此也导致了数据共享缺乏效率。

基于区块链技术的智能手环、智能手机应用程序，将通过分布式数据库来记录、存储电子健康档案信息，从而安全地共享数据。

人体的很多数据属于非线性生理复杂系统，用现在的测量方法往往不能准确测量，而基于非线性数据测量的系统可采集大量数据进行分析，能够提高信息采集和分析的准确性。在区块链技术支撑下，患者可运用智能设备（如智能手环、智能手机上的应用程序）实时上传与下载信息，医院也可应用复杂系统理论和非线性科学的理念与方法，重建客观、量化的评价方法与评价指标，连续、动态地测量与评估人体健康状态变化规律及医药的临床疗效，从而提高医疗效果，推进医学发展。

（三）中药产品的防伪

中医疗效的好坏很大程度上都取决于中药真伪。但是，所含药味多的中成药由于品种繁多、种植地域广泛，真伪并不好控制，真伪由此成为了一个一直以来困扰发展的重要问题。有观点认为目前中药的真伪已经严重影响到中医的发展，因为中药的造假会极大地影响疗效。区块链是解决这个难题的一个良好选择。

基于区块链技术的数据防篡改、可追溯、永久保存、历史记录有对应时间戳等特性，可以在一定程度上保证药品来源的可靠和真实，并为假药追溯和查询提供证据；查询出来制造假药的厂家，也会被永久记录，造假成本的大增也将在一定程度上遏制造假活动。

（四）识别非法的医疗网节点

医院里通常都有很多传感器，有的是无线联网形式。如果有不法分子在医院放传感器，自动接入，往往难以识别。基于区块链技术的服务器有一定的识别能力，一旦服务器发现有木马攻击，就会主动通知网管，关闭与感染了木马的传感器直接连接的网关，从而保证数据安全。此外，信息进入区块链后会永久存储，每个事件和操作都有时间戳，事后不可更改，单个节点对区块链的修改无效；因此，区块链的稳定可靠，保证了节点间的安全通信。

（五）降低医院中心数据库成本

当前，医院医疗网的所有数据流都汇集到单一的中心控制系统，随着数据的大量增多，成本的压力也会大为增加。去中心化的区块链技术不采用中心服务器的架构，没有中心控制系统的压力。不过，如果医院医疗网节点太多，而每个节点都需要有区块的计算能力的话，对成本也是一大挑战。这时，可以采取一种介乎于中央控制与全分布控制的折中方案，即将医疗网的节点分为两层，选择其中一层的少量节点按区块链方式工作。

六、区块链+能源

区块链技术正在高速发展之中，在能源领域具有很大的应用前景，概括来说，区块链在能源领域的应用主要集中于以下方面：

（一）电力

数据的防篡改是区块链的重要特征之一，这一特点对于区块链在电力领域的应用也相当重要。基于区块链技术，每一度电的产生和消费都会被完整记录在区块链网络上，因此，让每一度电都有迹可循的区块链，能够有效杜绝偷电漏电现象的发生。

另外，由于去中心化的区块链，让分布式的能源共享成为可能，因此，未来当你有需要时，还能帮你实现与邻居交易剩余的电。

（二）能源智能化调控

通过区块链技术，还可以实现对能源智能化的调控，让智能设备与互联网信息经由区块链连接在一起。比如，某市区的摄像头捕捉到郊区某一输电设备突然异常断电，通过与其他相关节点反馈的信息，比如报警器的鸣响或某一区域灯光突然熄灭等对比并且确认真实后，总部设备可以根据智能合约的规则设

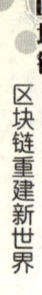

定自动派出相应维修设备去往现场维修。种种智能化调控方式，都能为人们的生活提供更多方便，有效提高人们的生活质量。

（三）电动汽车充电桩

电动汽车充电桩运营商数量众多，每个运营商基本都建立了自己的支付平台。出于运营考虑，各充电设施建设机构往往发行不同的充电卡，并采用不同的收费标准，给电动汽车用户带来很大不便。由于区块链的去中心、可信任特点，运用区块链技术建立统一的充电桩底层支付平台将会更容易为公众所接受。

在电动汽车与电力系统的交互领域中，存在着诸如私人充电桩难以实现共享、电动汽车V2G缺乏激励机制、动力电池梯级利用无法保证电芯质量等很多问题。区块链技术可以有力地推进这些问题的解决。比如，基于智能合约和分布式总账，充电桩可以实现按时租赁；基于区块链激励机制的电动汽车V2G可以实现自动响应；基于区块链技术，实现电池电芯生命周期数据的储存和认证等。

（四）电力信息系统物理信息安全

早年，由于电力信息系统一般是孤立系统，人们一般认为其受网络攻击的可能性不大。后来，这种观念不断在发生改变。在2010年，人们发现了有史以来第一个专门针对工业控制系统的计算机病毒Stuxnet，其通常首先通过受感染的USB等设备渗透计算机网络，使得与外部网络相互隔离的企业内部网络也可能受到Stuxnet的攻击。2015年底，由于电力信息系统遭黑客攻击，导致乌克兰发生了大规模停电。由于电力信息系统目前采用的数据库是中心化的，一旦中心数据库遭到入侵，则数据可被读取和篡改，信息安全就无法得到保障。

区块链的高冗余存储、去中心化、高安全性、隐私保护等特点，很适合应用于电力信息系统对隐私数据的存储和保护。基于区块链，可以有效地避免因中心化机构遭受攻击或权限管理不当而造成的大规模数据丢失或泄露，从而大幅提升能源互联网的信息安全。

（五）能源互联网的商业模式

区块链的发展，能够推动能源互联网新商业模式的实施和发展。比如，推动光伏电站众筹、资产证券化等模式的实施和发展。

当前，用户配电设施主要是用户自己投资建设，资金一次性投入较大。采用众筹方式进行投资建设，既可以减轻客户负担，也能让投资者获得收益。但是该模式存在的问题一直难以解决。这些问题是，怎样才能确定众筹标的物和现实情况是对应的？要知道，如果无法确认标的物的真实性，就会产生很大的投资风险，从而影响投资积极性。另外，配电资产的投资收益和用电量有关，怎样才能提供精确可信的计量数据，从而保障投资者利益？基于区块链的特点，这两个难题都能得以有效地解决，使得众筹配售电有望成为一种新型商业模式。

（六）解决能源系统活动中的交易摩擦

能源系统活动中，各个市场主体间如果缺乏信任，就很容易产生交易摩擦，但是在参与者众多的情况下，交易摩擦一般很难避免。区块链技术具有去中心化、公开透明、安全可信的特点,为解决能源系统中的交易摩擦提供了重要支持。

  总体而言,虽然区块链技术在能源等行业有不同程度的应用研究,但仍处于初期阶段,效率较低、资源浪费等技术难题还未得到很好的解决,使得区块链技术也未能得到更广泛的应用,并且也没有形成规范的技术标准。这就需要在相关国际标准形成之前,工业界和学术界等投入大量人力物力开展相关的研发工作,以抢占这一领域的理论和技术研究高地。

七、区块链 + 食品安全

民以食为天,食以安为先。舌尖上的安全,一直是人们最重视的问题之一。近几年的政府工作报告中也一再强调,一定要坚决把好人民群众饮食用药安全的每一道关口。

食品安全事件频频发生的根本原因在于生产者、消费者、政府之间的信息不对称,在信息对称的情况下,种种食品安全问题都能得到及时有效的预防、遏制和监督、惩处。而对于解决信息不对称的关键手段,人们通常认为在于食品追溯体系。

目前,食品追溯系统还存在以下难题:依赖于中心数据库运行,数据在存储、传输、展示等一些环节存在被篡改的可能;食品追溯系统的多个环节还处于人工作业状态的同时,缺乏对有关人员权利的有效约束,信息提供者可以选择性地屏蔽、删改对自己不利的基础信息;食品追溯系统的应用水平依赖于监管部门措施的效果;食品追溯系统无法实现生产者和消费者的隐私保护,尤其是生产者的各种信息的过度暴露问题无法解决。

区块链技术应用于食品安全溯源体系,可以低成本、高效率地解决食品安全领域存在的信任难题。具有以下几个方面:

(一)区块链的去中心化和不可篡改特点,可为现有食品追溯系统的数据可靠性提供保证，可使数据在存储、传输和展示环节避免内部管理人员、外部黑客篡改。

（二）结合物联网和传感设备的进一步应用，食品产供销各个环节的数据完全依赖于机器采集和机器信任，而不被人为的选择性提供。

（三）因为开放透明和机器自治，消费者、生产者和政府监管部门对食品追溯系统中的数据完全信任，由此整个社会的系统应用水平将会大幅提高。

（四）因为匿名不再影响信任水平，生产者和消费者个人隐私信息可被匿名，当食品安全事故发生，生产者和消费者个人信息被保护，有效避免了群体性事件发生和网络暴力的过度蔓延。

随着物联网技术的进一步普及，所有物品都将被信息化，在食品产供销的各个环节都能通过传感器进行非人工干预的智能信息登记。并通过网络和区块链技术记录到安全可信任的分布式数据库上，任何信息都是公开透明的，政府、生产者、消费者可以没有顾虑地轻松做到追溯查询。

八、区块链+公益

自从"郭美美事件"等负面新闻,引发公众对运作公益事业的红十字会等公益组织的不信任后,由于公益组织在资金募集、使用方面并不透明,这种信任危机一直影响着公益事业的开展。区块链的去中心化、交易记录不可篡改的特性从技术上很好地解决了以往公益组织在资金募集、使用方面的不透明问题,从而有效地解决信任危机问题,促进公益事业的更好发展。

基于区块链的去中心化特点,将慈善公益项目的信息进行分布式存储,从技术层面杜绝公益组织中心化管理带来的信息不透明、资金管理黑幕等问题。公开透明的区块链数据使接收人、款项使用等信息完全透明化,相关人员据此可针对每一笔慈善公益资金进行查询追溯,对资金使用情况进行有效的监督。

区块链公益体系的主要信息可以包括慈善项目信息、资金明细账、资金流向记录、受资助人信息等。在隐私保护等法律基础上,可以选择性地进行一定程度的公开公示。

区块链公益体系的节点构成包括公益组织、资金机构、审计机构等。通过节点形式接入系统,同时以联盟链形式运作,可以使系统本身透明度最大化,便于公众监督。

区块链智能合约应用于慈善公益的定向捐赠、分批捐赠等复杂场景,可使得公益慈善行为更加客观、可信和透明。

区块链通过设置私钥，使只有持有私钥的用户才可以看到相关信息等加密技术，能够有效防止发生个人信息泄露等问题，对捐助人和被捐助人的隐私进行最大限度的保护。

九、区块链+文化

在过去的发展过程中,文化产业总是存在盗版侵权、投资融资不畅等问题,对文化产业具有革命性意义的区块链技术,能够提供远超之前所有技术平台的解决方案,其在文化产业上应用可从以下三方面作展望:

(一)版权的确权与流通

由于区块链具有不可篡改的特性,基于区块链系统产生的每一个版权从创建那天起,就可以具有版权权属、任何内容和形式的增减等等方面的唯一性认定。由此,基于区块链建立的版权确权体系将彻底解决从前由于无法准确指认版权权属而导致的版权纠纷。

在解决盗版问题方面,区块链的作用主要是提供无法抵赖的事实证据使盗版者受到相应的惩罚,从而有效地减少盗版的发生。

由于区块链具有信息不可篡改的特性,个体或组织在区块链系统内留下的历史数据痕迹也将永远留存,并且可以全程追溯而且不可抹除,因而十分有利于建立一个具备强约束力的个人及组织的信用机制。

(二)去中介化

以往的文化内容分发平台如视频网站、网文网站、聚合媒体等,基本模式

都是通过提供技术服务、运营服务来聚集海量的用户和内容，并借助其流量分配的中心地位占有会员和内容的大部分剩余价值。

随着区块链技术的发展，这一商业地位将受到挑战，内容的消费者也将成为内容的投资者或生产者，内容与用户之间的连接将会更为直接和紧密，原有的中心化平台将从内容与用户的连接中心退居为技术服务供应商，通过为内容及用户提供良好的技术服务获得生存与发展的空间，原来通过垄断两者的连接占有大量剩余价值的模式将难以持续。

连接内容与用户的商业模式将变革为以内容生产为中心的新型模式，与当下以内容消费为中心的模式形成竞争。

（三）生产组织形式

传统的生产组织形式是以企业为中心的一种生产组织形式，随着价值尺度的更新，其以股权/股票为标志的价值实现方式已经逐渐失效，相应的，搭建于其上的股东、管理层、员工的管理激励模型也都将发生深刻改变。更重要的是，以往的企业是一个封闭的系统，最大的股东拥有企业的控制权。

而在去中心化的区块链平台上，平台的决策权理论上是由共识机制决定的，任何个人或组织都无法按照自己的意愿改变区块链的共识或篡改区块链的记录，以往自上而下的垂直管理模式也将发生变化。

未来基于区块链的工作关系将以个人为基本单位，通过人与人的组合来灵活处理工作任务和分享工作报酬，作为个体的生产者将更加自由。这一形式特别有利于以个人为生产单位的文化行业从业的实现。

目前，区块链技术创新还面临着技术成熟度不够等局限，上述想象中的场景尚未成为现实。理论上，区块链的确拥有理想地实现上述场景的潜力，前提是区块链技术在效率、稳定性、安全性等方面能够不断得到改善，同时创业团队也能积极探索在文化领域的应用开发。从监管主体来说，区块链技术市场的创新引发了体系化监管思路的更新需求，因此，监管需要针对这方面不断进行与时俱进的完善。相信随着技术成熟度提高和监管环境的完善化，区块链对文化产业的上述变革终将逐一实现。

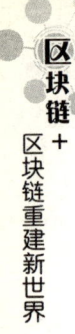

十、区块链+艺术品市场

伴随着艺术品交易市场的发展，人们对于市场产品真实性验证的需求也不断增大。艺术品鉴定已经成为了艺术市场的焦点问题。有研究报告估计，每年全球艺术品、收藏品的伪造、欺诈的市场规模高达60亿美元，几乎占到了艺术品总交易额的 1/10。由艺术品来源、真假引发的争议事件，不付款、索赔的事件经常发生，"保真"因此长期成为了海内外艺术品市场的软肋。而在我国，文化艺术品鉴定难、评估难、交易难、变现难的"四难"问题一直是老大难的问题，以至于，一些价值连城的艺术品甚至因此而变成了"白菜价"，我国艺术品行业的发展受到了严重制约。

目前艺术品鉴定最常用的做法是"眼学"，即以行业专家们的知识、经验和眼力来分辨、鉴别艺术品的真伪。但是，由于现代的复制技术水平越来越高，以及有些鉴定者可能会因为利益说谎等原因，"眼学"往往也不可靠。

而区块链由于具有信息生成的时间戳及存在证明，可实时记录并完整保存所有鉴定和交易记录。当文化艺术品行业与区块链技术结合，艺术品经科学采点，数据上传到区块链系统后，数据将无法被篡改、伪造、删除，所有交易信息变得公开、透明，假货将无处遁形。在此平台上，人们可通过对艺术品追踪溯源，实现艺术品点对点交易。换言之，今后艺术品交易将不再需要"中介"参与，从而有效地解决了中介的信用问题，为艺术品防伪和公正交易提供了新渠道。

基于区块链的艺术品平台，其艺术品还可被全世界集合管理系统和编目数据库所使用，保险公司、博物馆、执法机构等都可实时验证，整个过程公开、高效，具有广泛的使用价值，比如，艺术品盗抢险就非常需要这样一个共享的追踪机制。

另外，区块链技术可实现艺术品的价值数字化、金融化，让艺术品的流通交易像金融产品流通交易一样实时、高效，且可以任意调整投资组合，从而能够吸纳更多社会资本投资到艺术品行业，促进艺术品市场的发展。

十一、区块链 + 农业

（一）与农业物联网的结合

目前，农业物联网普遍采用的是中心化管理方式。随着接入物联网的智能设备越来越多，数据中心的软硬件基础设施、维护成本和能源消耗都面临着巨大的挑战，区块链的去中心化管理方式可有效降低农业物联网的投入与维护成本，并使入网的监测设备实现自我管理和维护，从而节省了以云端控制为中心的基础设施建设、维护以及能源消耗的高昂费用，并且减少了互联网设备的后期维护成本，促进了农业物联网的智能化和规模化水平的提升。

（二）与传感数据存证、溯源的结合

农业物联网中，农产品在种植前、种植中、种植后的各个阶段都会产生大量的传感数据，如何避免这些涉及农产品的选种、育苗、施肥、防虫、质检、仓储、加工等环节存在的数据造假或篡改问题，需要在区块链技术下进行有效的数据存储、验证和溯源。

在生产链上，各个主体部署区块链节点可以通过实时或离线等方式将传感器收集的数据写入区块链，形成无法篡改的电子证据，从而提升各方主体造假抵赖的成本，进一步厘清各方的责任边界。与此同时，还能通过区块链的可追溯特点，追本溯源，及时了解农产品生长生产的最新进展，根据实时搜集的数据，做出及时的反应，采取必要的措施，增强多方协作的可能与合作的顺畅。

（三）与农业金融、保险的结合

农业金融和保险的操作难度大，覆盖范围小，且大多存在缺乏有效的信用抵押机制问题。基于区块链技术的应用，农民在申请贷款时，银行、保险或征信机构可以自动记录海量信息，并存储在区块链网络的每一个节点、每一台电脑上，信息透明、篡改难度高、使用成本低，从而有效地降低农业信贷风险。

在区块链与农业保险结合方面，运用区块链技术的智能合约机制，可以极大地简化农业保险的赔付流程。比如，假如受保险地区发生重大农业自然灾害，相应的理赔流程无须其他过多流程，而会即刻自动启动，从而有效提高了农业保险赔付的效率。

（四）与农产品供应链的结合

从最上游生产源到厂商再到分销商及各地商超，最终流通到消费者手里，农产品流通过程要经过多个流通环节才能完成。由于供应链信息不对称，各方

没有将自己的信息透明化,就会带来政府监管难、源头追踪难、公信力降低等一系列问题。区块链技术可以在不同分类账上记录在供应链过程中的产品的所有信息,包括涉及到的负责企业、价格、日期、地址、质量及产品状态等,并且交易的信息是被永久性、去中心化的记录,由此,既便于政府监管,源头追踪也不再困难,农产品安全诚信问题继而能获得有效解决,还降低了各方运营成本,可谓一举多得之事。

十二、区块链 + 政府管理

（一）信息化的快速发展与信息安全隐忧

随着互联网和信息技术的飞速发展，大量商业环节与业务逻辑向互联网进行迁移，电子数据也逐渐替代了传统的物理载体，成为了信息交换的新媒介。与传统物理信息载体不同，采用二进制编码表示的电子数据的客观性、可靠性、不可抵赖性受计算机网络系统及其所依存的软硬件环境的影响很大。

首先，电子数据容易被篡改，且没有时间标识，其完整性和真实性亟须可靠的技术验证手段；其次，电子数据的复制几乎是零成本的，这也使得电子数据很容易发生泄露，互联网加速了数据的传递，更使电子数据泄露的风险远大于传统载体的数据；最后，信息化的快速发展使电子政务不能只满足于专网环境，如何确保数据在不可靠的互联网环境下可信可靠传输是一个巨大的挑战。

而区块链所具有的防篡改、时间戳存在证明、隐私保护等特性可以为有效地解决这些问题提供支持。

（二）推进"互联网 + 政务"的优化升级

区块链技术在电子政务领域的有效运用，将有助于打破传统政务服务向"互联网 + 政务"服务转型的信用和安全藩篱，有益于互联网与政务深度融合

的实现,优化政府业务流程,助力政务服务体验升级。基于区块链的不可篡改、非对称加密、可追溯等特性,以及基于网络共识构建一个纯粹的、跨界的"利益无关"信任网络的验证机制,可以使得通过区块链传输的行政相关数据信息具有高度的安全性和可靠性,并打造出一条牢不可破的网络"信任链",为网络交易各方构建出一个高度安全、深度信任的数据流通环境。

(三)提升服务效率,降低信息系统运营成本

作为新型可信信息互联技术手段,区块链在网络数据交互中能够有效提升工作效率,并因分布式的结构而具有降低信息系统运营成本、减少运营负担的功能。据埃森哲统计,区块链的应用能够为政府监管降低30%至50%的成本,并在运营上节约50%的成本。

政府各部门可以通过部署本地化的区块链节点,快速实现区块链分布式账本与业务系统数据的同步。同时,上链同步的数据仅为数据哈希,并不是完整原始数据的全区块链的同步。每条数据的哈希容量仅几十字节,能够在占用极小数据带宽的前提下,实现安全的数据记录同步。由此,各部门业务数据不需要再全量向中心化数据交换系统进行冗余复制,从而既减少了各部门工作量,也在跨部门业务进行之前保护了各部门的数据隐私,并减少了信息化服务中心对中心化系统的维护负担。

分布式的区块链节点能够帮助各部门在不依赖第三方的情况下,就能完成数据传输过程中对数据真实性、原始性的验证,从而确保数据传输的可信。由于验证所需的数据哈希在所有业务发生时即完成了同步,因此对数据的验证环节能够在验证部门本地完成,由此又提高了验证效率。

(四)促进阳光政府与政务公开政策的落实

根据阳光政府与政务公开政策的相关要求,许多政务信息化建设中目前已为市民提供了便利的政务公示查询环境,但从技术上仍存在内部管理权限泄露问题,以及管理权限被擅自使用引发的对数据记录进行违规更改的问题,任何对公示过的信息进行更改、对公示过的政策不予执行或未予公示擅自执行的行为,都会留下信任隐患。

基于区块链,数据记录可以通过多方节点共同完成,并留下发生时间明确且防篡改的数据记录。根据此记录,内部审查人员能够清楚地作穿透式监管。此外,市民也可通过任何一个参与到区块链网络中的可信节点对数据记录的真实性进行验证,从而有效地促进政务走向阳光、公开。政府部门通过区块链的应用也可将职能公信力与技术公信力实现进一步的叠加,从而更好地落实阳光型、服务型政府建设的政策。

(五)建立新服务模式,进一步提升公信力

通过区块链,政府各部门可以将数据记录建立可信联结,从而有效地建立不依赖第三方中心化服务器而实现跨部门数据流通的基础网络。

通过联盟链架构的区块链的节点延伸机制,政府有关部门可以准确地对非政府机构进行数据价值输出。企业或个人也可在任意一个参与到联盟区块链的可信节点对自身数据的交换共享进行授权,从而促进金融机构对企业或个人形

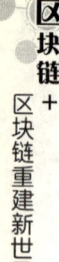

成更为快捷的信用评估与数据画像,让最高质量的政府数据在市场中获得价值。

在这种价值数据的流转模式中,企业或个人将获得更为优质的金融服务,而政府部门也可以通过输出有效的数据资源向金融机构收取数据服务费用,形成良性数据互通模式。与此同时,政府在该网络中也能够进一步获得来自金融机构等非政府外部机构的数据资源,并通过区块链进行授权与可信验证,由此,就可有效推动政府在基于大数据的城市服务规划中能够更准确地获得基于真实数据的决策建议。

以政府部门率先建立的区块链数据可信流转网络为基础,还可以创建出更多的政务应用和新服务场景。

在对数据真实性要求较高的互联网相关业务方面,如互联网金融、电商等服务,线上公正、仲裁、判决等司法服务,可以以政府率先发起的区块链基础设施网络来作为技术公信力与职能公信力双背书,对这些互联网业务中所涉及的关键数据提供存证服务,从而能够对互联网事件行为进行真实性的还原。在服务模式上,这也是政务信息化开放与包容的体现——不仅对政府内部,也能够对外部提供更为有效的区块链数据安全类服务。

(六)保持全球竞争优势,落地政策指引

多国政府对区块链都采取了明确的拥抱态度。英国、美国、中国、俄罗斯等国都已经陆续展开区块链政府建设的探索,在多个场景下尝试区块链在政府公共服务中的应用。2017年5月26日,李克强总理在向数博会致的贺信中说道:"当前,新一轮科技革命和产业变革席卷全球,大数据、云计算、物联网、

人工智能、区块链等新技术不断地涌现，数字经济正深刻地改变着人类的生产和生活方式，作为经济增长新动能的作用日益凸显。"

毋庸置疑，区块链作为下一代全球信用认证和价值互联网基础协议之一，已经越来越受到政府和组织的重视。

从国内行业政策看，目前涉及区块链的行业政策指导文件主要有：2016年10月工业和信息化部发布的《中国区块链技术和应用发展白皮书》，2016年12月国务院发布的《"十三五"国家信息化规划》，各地方政府也相继出台了相关政策。此外，国务院在2017年发布的四个文件中也提及了区块链。

据不完全统计，截至2017年11月底，国内共有浙江、江苏、贵州、福建、广东、山东、江西、内蒙古、重庆等九个省、自治区和直辖市就区块链发布了指导意见，多个省份甚至将区块链列入本省"十三五"战略发展规划。

从文件发布数量角度而言，浙江、江苏、贵州三省最多，数量分别是5、4、3。

从支持力度角度而言，贵州贵阳、浙江杭州、山东青岛、广东深圳、重庆四地将区块链放在较为重要的位置，并出台了专门的政策扶持文件。

从目前各地方政府对区块链的态度而言，一线城市，如北京和上海区块链产业发展势头较好。另外，贵州省在发展区块链方面显然经过了深思熟虑，其依托大数据产业优势，制定了较为完善的纲领性文件，这也为其他地区制定政策提供了借鉴。

显然，区块链技术正受到越来越多地方政府的重视，相信更多的细化政策扶持文件会在接下来的几年间陆续下发。准备进入区块链领域者的明智之举，应是通过认真理解、吃透政策，来抓住这一波政策红利。

第三章 区块链必将构建新世界

一、新兴的计算架构

(一)构建价值互联网体系

构建在互联网之上的区块链随着互联网系统的发展,它本身就逐渐成为构建上层去中心化应用的一个基础服务层,成为价值互联网的重要基石。

1. 区块链是新一代互联网的分布式账本系统,是一种对互联网的各种数据资产及其处理这些数据资产的互联网事务进行记录、加密和认证的基础结构。数据资产全生命周期的事务被分布式账本进行记录。

事务的安全性由点对点的计算机网络上的密码学算法保证,在将事务永久保存在分布式区块前还需要对其进行验证。一旦验证通过,它将是共享的、匿名的、防篡改的,并且是可追溯、易查询的。

2. 如果说上一代的信息互联网建立了计算机之间数据传输的可达、可信和可靠,那么区块链技术则首次在互联网上建立了"信任",可以记载、验证和转移数据资产和经济价值,价值互联网和可信互联网将名副其实——区块链将进一步保证价值互联网是人类共同可以信任的信息基础设施。

3. 区块链不仅是智能合约、智能资产的分布式账本系统，随着物联网的发展，也将成为万物的账本，成为万物互联网的基础服务层。

4. 区块链的信任基础通过密码学算法的背书构建，能让人们在互联网世界里进行信息共享的同时，参与者的个人隐私也能受到有效的保护。

5. 在区块链中，尤其是公共区块链中，任何数据记录，只属于互联网本身，它不属于任何中心化的机构。这保证了互联网在"去中心化"的道路上又迈出了坚实的一步，从而有望让人类共同的互联网在更深远的意义上成为人类共同的家园。

（二）区块链即服务

区块链将成为价值互联网的一个重要服务，也就是区块链即服务。以太坊区块链等本身其实就是一个即服务，未来更多的区块链技术和应用都会成为互联网上的即服务。

1. 区块链即服务

首先，区块链是架构在互联网上的分布式账本技术，可以充分依托现有的互联网服务。同时，它是P2P架构的计算模式，区块链用户对其的服务要求与传统互联网应用有所区别。一些新的区块链即服务正不断被开发出来。如Storj的分布式存储服务、IPFS的分布式文件服务、Factom的分布式数据记录服务、以太坊的区块链开发平台服务等。

2. 商业化的区块链即服务

微软和 IBM 等公司积极推进商业化的区块链即服务，为更多企业级客户提供应用服务，使得用户不必关注过多区块链技术细节。

微软希望借区块链重振雄风，区块链即服务就是它的法宝。微软在 2015 年年底全面推出了基于 Azure 云平台的区块链即服务，在这样一个基础服务中，以太坊作为基础台，各种常见的区块链技术被整合在一起，以服务的形式提供给客户使用。

3. 去中心化应用

就像去中心化应用基金会理事长 DavidJohnston 在 Johnston 定律中曾说的：所有的一切都能够去中心化。将来，所有的一切都将去中心化。去中心化应用将成为区块链时代的主流应用。

（1）以开放源码为开发模式。例如以太坊、超级账本等都是开源的。

（2）是集体智慧的结晶。其是社交网络时代的精英与群体智慧的完美融合。DApp 开发也遵循这种模式。

（3）以共识机制为制度保障。共识机制是区块链的根基，也是区块链的 DApp 的根基，DApp 的修改、完善和升级要基于用户群体的多数共识。

（4）以区块链为基础平台，DApp 应用数据将储存在一个公开的区块链上。

区块链平台的发展为 DApp 应用提供了一个更加可编程、可扩展和安全的基础设施。比如，以太坊给待开发的 DApp 应用提供了去中心化的应用层和编程语言，公证通给 DApp 应用提供了一个可扩展的数据层，能够简化记录保存的大数据管理……随着一批批 DApp 应用的产生，区块链的生态将更加多姿多彩。

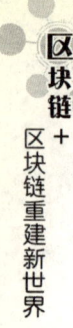

二、新型的治理机制

（一）信用的机制

在互联网上，信用问题一直是人们的最大困扰之一。网络诈骗诡计多端、假冒伪劣充斥网店、企业失信屡禁不止，虽然通过信用评分、黑名单公示等机制，互联网的信用正在逐步改善，但还没有一个可以从根本上解决此问题的方法。作为一个信任的机器区块链为这个难题提供了解决之道。作为一个去中心化、去信任的系统，区块链忠实地记录了每一笔交易的详情，交易记录不能篡改，交易行为有迹可循，交易历史有源可溯，全力杜绝一切弄虚作假的机会，使得任何欺诈行为都将付出巨大的成本，违约与失信也有据可查，有力地捍卫了互联网的信用。

（二）共识的机制

通过共识机制，区块链正在重建互联网理念。一个事务的发生，由所有人共同见证，一个事务的纳入或拒绝，是分布式一致性和共同确认的结果，确认它的规则是所有参与者共同认可的共识规则。工作量证明具有着勤劳者致富的意味。股权证明是要让拥有更多股份者承担更大责任和义务，去维护好区块链的生态。

（三）契约的机制

在区块链建立的智能合约的平台上，计算程序代替了合同。约定的条件一旦达成，网络就会自动执行合约，这意味着契约和规则能够通过代码形式进行锁定和传递，并且能够由代码直接干预执行。

（四）开放共享的机制

区块链推动互联网成为一个更加透明、开放、共享、安全的空间环境。在区块链技术中，账本数据全网公开，个人隐私信息加密保护，交易数据不可篡改，这就为数据安全的共享和开放提供了机制上的保障。

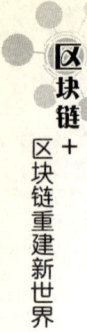

三、新型的组织形式

随着互联网经济、共享经济等新经济的发展,企业的组织结构也渐渐地在发生着变化。

首先,企业组织结构逐渐趋于扁平化和柔性化。过去自上而下的垂直型组织结构,随着层级的增多,管理和沟通成本也会更高,对商业环境的反应却会更慢。企业组织结构的扁平化和柔性化是大势所趋,事业部制、内部市场化等机制尝试都是在扁平化和柔性化变革方面的有益探索。

其次,企业组织结构逐渐趋于开放化。消费者逐渐开始积极参与到企业的经营中,通过企业社区、电商平台等各种媒介表达着对产品和服务的需求、满意度和服务体验;参与到产品设计中,转化为产销者。合作伙伴和供应商也和企业紧密相连,上下游产业链演化为产业生态。大企业成为平台,小企业成为依靠平台的一个个创新应用,数据则成为了彼此的纽带。

最后,企业组织结构逐渐趋于互联网化、智能化、虚拟化。在互联网上,可以进行移动办公、智能制造、电子商务、网上服务,互联网已成为企业业务与管理活动的基础设施,数据则是企业运作的基础资源,互联网+业务正成为企业的新商业模式。

作为价值互联网的基石,区块链也将深刻影响企业的组织方式。从数字货币、智能合约到万物互联网资产,每一个资产的转移都构建在区块链技术上,企业的组织结构也将构建在区块链上。

未来，一大批中心化的中介机构将不复存在，他们的业务都会由区块链接手。与此同时，企业的记账、审计、对账等职能也将逐渐弱化，甚至完全消失。智能合约的重要性越发突出，一旦合约确定，将自动执行，不受任何第三方的控制，合约的达成会变得异常重要，因此专业的区块链数据服务公司和律师事务所的价值将进一步凸显。去中心化应用成为潮流，个体之间精准化的共享经济将有更大的发展，企业组织结构也将呈现两极分化。一类是大型区块链平台企业，另一类则是众多"麻雀虽小、五脏俱全"的小微企业，甚至可能就是一个人的企业。

作为一个创新技术，区块链构建的去中心化公司和去中心化组织，通常具有如下特征：一是依靠密码学保证规则的运行，管理成本比传统公司管理成本低很多。二是通过去中心化的制度设计让欺诈变得更难以达成。三是以工作量和股权来设置组织机构的领导位置。

在区块链时代，组织的去中心化是一种趋势。但去中心化后，区块链在发展中必然又会遇到去中心化后出现的新矛盾，如封闭、高能耗、交易低效以及管理效率提升的新问题。届时，去中心化后的相对集中又会成为新的趋势。

历史潮流浩浩荡荡，价值互联网的趋势已经不可阻挡，只是这是一个螺旋上升的辩证的发展过程。

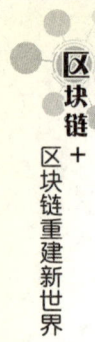

四、新兴的商业模式

商业模式是利益相关方的交易结构和价值交付模式。区块链是一个分布式账本技术,是一个公共平台,它能够为平台相关利益方提供很多普遍价值,例如:去中心化、去信任、安全、不可篡改、历史数据全记录、多方共识等,也能够为平台相关利益方提供更加个性化的应用价值。基于区块链的商业模式会层出不穷。下面列举其中有望成为主流的几种:

(一)区块链平台模式

作为一个架构在点对点网络上的分布式系统,区块链本身就是一个数字货币、智能合约或数字化资产的支撑平台,因此平台模式是一个重要的商业模式,比如比特币平台、以太坊平台、超级账本平台等。在区块链平台上,可以建立生态体系,为大量用户提供区块链的各类基础服务和未来的增值服务。

(二)DApp 应用的分享经济服务模式

作为价值互联网的支撑技术,区块链应用的重要价值就在于区块链能够定义一切资产,从而产生形形色色的去中心化应用、模式和业态——涉及银行、保险、证券、能源、医疗、政府、商贸、物联网、大数据、公证、供应链等各个行业。DApp 应用服务的商业模式,可以充分发挥去中心化优势,建立整个行业应用的去中心化服务机制，从而在垂直行业形成新的价值交付能力。例如，区块链医疗信息服务，实际上通过区块链的去中心化和匿名隐私保护等机制，使得医疗数据实现安全上网，促成了医疗大数据分析等新服务模式。

（三）区块链解决方案服务模式

作为一门技术，区块链涉及各行各业的技术研发、产品生产、技术实施、技术咨询、技术培训等各种解决方案服务，尤其是部署私有区块链的传统行业。因此区块链解决方案服务模式也将成为重要的商业模式。

（四）区块链数据服务模式

作为一个分布式账本，区块链如实并详细地记录了各个行业的资产交易行为数据，通过对这些数据的分析和挖掘，能够形成有价值的数据、信息或者知识，从而为政府、企业和个人等提供数据分析的服务。

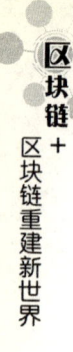

五、进入区块链领域，你需要做什么准备

区块链席卷全球的形势已经具备了不少条件，东风将起。在各种利好集中降临的时刻，那些提前进入再造互联网领域，提供建设价值互联网最原始资本的人，有可能首先品尝到区块链带来的丰厚回报。

但是，如果你对区块链在市场和技术方面的表现不太明白，说明你对区块链领域还相当陌生，为了避免严重的损失，你暂时不应贸然进入区块链领域。在价值互联网建设刚刚起步的时候，你应当准备充足，找准投资方向，然后再深入分析、筛选出几个独角兽，目睹下一个巨兽的成长历程。

（一）深入理解区块链

要想进入区块链领域，在早期市场中达到投资精准，首先一定要了解区块链是什么，这条没有捷径的路才是真正有效的路。目前，区块链的定义众说纷纭，但其公认的显著特性有六点：分布式、共同维护、唯一性、可靠、开源和匿名性。

区块链是采用分布式集体运作的方法，去实现一套不可篡改的、可信任的、获取共识的数据库技术方案。其技术应用的研发尚处于价值互联网发展的早期，涉及政治、经济、社会、金融、法律、计算机、互联网、物联网、人工智能、电子商务、工业 4.0、大数据、云计算等多个领域。

（二）选择区块链的基础设施

作为进入区块链领域的风险投资人，对区块链基础设施的选择具有最大的机遇，也具有最大的风险。信息互联网的基础设施是个人电脑、智能手机、路由器、服务器、交换机、防火墙等设备，而价值互联网时代的基础设施主要是实现价值创造、流通和存储等交易行为的区块链应用系统。

截至 2018 年，区块链技术出现时间已经满 10 年。据粗略估计，当前公开和未公开运行的区块链系统已经逾千个。在这种情况下，投资人需要通过如下一些指标判断区块链系统的价值高低：

1. 系统模块开源。从原则上说，区块链系统的模块都应该开源，即使私链也需要在联盟内部开源。这是实现共识的基本要求和必要前提。

2. 市场份额及参与的用户数。目前以太坊区块链等都是满足这一指标的项目。

3. 参与机构或者旗手。在国外，投资人可以多关注麻省理工媒体实验室及 Linux 基金会所推出的"Open Ledger Project"项目的进展，项目参与机构包括 IBM、Cisco、VMware 等设备领域巨头及众多金融界企业。在国内，投资人可以重点关注工信部标准机构及 2016 年 3 月 25 日在上海正式挂牌成立的互联网金融协会。

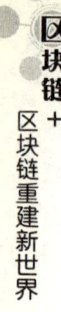

（三）关注区块链项目的盈利模式

作为投资人，无论投资什么项目，最关心的当属盈利模式。在区块链领域的投资人，自然应当重点关注区块链在价值互联网中的应用场景和盈利模式。

价值互联网的内涵就是创造价值、传递价值、存储价值，其核心是通过区块链技术构建一个全球性的分布式数据库操作系统。它可以记录一切具有价值的事物，包括对资产的拥有权和使用权、出生和死亡证明、结婚证、学历、医疗数据、投票、能源等所有可以用代码来编程表示的事物。

尽管区块链首先起步于金融领域，但除了金融业的创新项目以外，其实还有很多区块链创新项目可以考虑投资。在这里，投资人应当了解实质：区块链技术的主要优势在于永久存储信息并通过编程化的代码进行产权确认、计量和交易。

在这些业务环节中，创业企业可以找到新的应用场景，发掘和创新区块链的应用价值。这是与信息互联网最大的不同，价值互联网的信息不只是信息，还承载着价值和产权。

面对区块链带来的价值互联网潮流，现有的互联网巨头们很难应对。因为这种分布式潮流改变了信息互联网数据由中心控制者掌控的局面，动摇了互联网巨头公司的垄断地位。在价值互联网潮流的早期阶段，作为投资人的你，可以开展一些类似黑客马拉松的项目，发掘人才，事预则立。

后 记

信息化浪潮开启了人类波澜壮阔的数字化大迁移，今天越来越多的人已经拥有了自己的数字身份，并依托数字构建新的社会关系。人类的文明从农耕时代、工业时代进入了今天的数字文明时代。在过去的30年里，从PC时代的互联网，到移动互联、物联网、云计算、大数据，对产业和社会的重构愈加深刻。而即将到来的区块链，则是在万物互联的场景下，为人类价值流动提供了数字解决方案，这将开启一个全新的伟大的新世界！

区块链究竟是什么？我认为区块链是实现分布式经济体的一种支撑技术。这里面有两个关键词，一是分布式的经济体；一是支撑技术。分布式经济体是以共识为前提的多个存在经济关系的价值节点之间的生态式协同组织。而支撑技术是分布式数据存储、点对点传输、共识机制、加密算法等计算机技术的新型应用。所以不论是经济角度还是技术角度，都会有多领域的跨界，又都紧密地集成在一起，这对刚刚入门者是一个门槛，理解起来更会有一定的难度，但是这是一个认知创造价值的时代，所有人只有快速学习，才能跟上随之而来的区块链大发展的趋势。我判断，未来三年基于场景应用的区块链项目会集中爆发，这值得我们更多的人去关注和参与。

目前区块链的发展正处于婴儿期，业内对区块链的解读各不相同，社会需要真正的区块链科普书籍,帮助入门者拨云见日。李亿豪老师拥有互联网与产业融合方面有长期的实践,对区块链有着深入的研究,通过这本书对区块链的认知和理解,对找到拥抱区块链的路径,抓住变革时代的机会有很大帮助。在此书付梓之际,感谢李亿豪老师对产业发展起到的推动作用,其专业与情怀均值得钦佩。

旗点商学院院长 区块链场景应用实验室发起人 王东

2018.7.24